Mme Dondel du Faouëdic

VOYAGES
LOIN DE MA CHAMBRE

TOME I

REDON
AUG. BOUTELOUP
Imp.-Editeur
rue Victor-Hugo

PARIS
TÉQUI
Libraire-Editeur
rue de Tournon

1898

VOYAGES

LOIN DE MA CHAMBRE

OUVRAGES DE Mme DONDEL DU FAOUËDIC

VOYAGES LOIN DE MA CHAMBRE
1 vol. in-12, 2 fr.

A TRAVERS LA PROVENCE ET L'ITALIE
1 vol. in-8, 3 fr. 50

IMPRESSIONS D'UN TOURISTE SUR SAUMUR
ET SES ENVIRONS
1 vol. in-12, 1 fr. 25

LE LIVRE DE GRAND'MÈRE
Histoires détachées
Ouvrage récompensé d'une Médaille d'honneur
par la Société Nationale d'Encouragement au Bien
(décrétée d'utilité publique)
en sa séance solennelle du 19 mai 1895
2 volumes in-12, le vol. 2 fr. ; les 2 vol. 3 fr. 50

BAGATELLES
Ouvrage plusieurs fois couronné
Médaille de 1re classe au grand Concours de l'Académie du Maine 1896
1 vol. in-12, 2 fr.

MENUE MONNAIE
1 vol. in-12, 2 fr.

BRIMBORIONS
1 vol. in-12, 2 fr.

LE GUIDE DE L'EXCURSIONNISTE
(REDON et ses environs)
1 vol. avec gravures.

Madame N. DONDEL du FAOUËDIC

VOYAGES
LOIN DE MA CHAMBRE

« Le causeur dit tout ce qu'il sait,
L'étourdi ce qu'il ne sait guère,
Les vieux disent ce qu'ils ont fait,
Les jeunes... ce qu'ils voudraient faire. »

REDON
AUGUSTE BOUTELOUP, LIBRAIRE-ÉDITEUR
Rue des Halles
1898

AVANT-PROPOS

Et maintenant que je suis vieille, j'aime à conter ce que j'ai fait.

Xavier de Maistre s'est contenté de sa chambre pour y faire jadis des expéditions diurnes et nocturnes, demeurées célèbres, mais il fallait l'esprit du grand écrivain pour raconter sur place ce fantaisiste voyage. D'ailleurs, ce genre d'excursion ne peut s'entreprendre qu'une fois; ce n'est donc point autour mais hors de ma chambre et très loin d'elle que j'ai voyagé.

Les voyages ont cela d'agréable, qu'ils intéressent le lecteur en l'instruisant. La vérité reste supérieure à la fiction, si charmante qu'elle soit, et les récits vrais d'un beau voyage l'emporteront toujours sur n'importe quel roman. »

« Lisons, mais lisons de bons livres. Aujourd'hui ce n'est pas seulement le goût littéraire, c'est bien plus encore, c'est le sens moral qui est en péril. »

SOUVENIRS DE VOYAGE

de Novembre 1870 à Juillet 1871.

Mme Zoé Talbot, née Allenou de Grandchamp.

CHAPITRE I

Départ pour la Suisse

Je quitte Vannes demain, 3 novembre, avec ma petite Georgette, je vais passer quelques jours dans ma famille. Je vais lui dire adieu avant de la quitter. Je pars effrayée du présent, inquiète de l'avenir ! Reverrai-je ce petit coin de terre où j'ai vécu longtemps déjà ? Reverrai-je mes parents, mes amis, ma maison, le *sweet home*, avec tous ses objets intimes et familiers qui vous font retrouver la vie vécue, où vous apercevez accrochés dans tous les coins vos plus chers souvenirs, tristes ou gais? Telles sont les pensées mélancoliques qui se mêlent aux apprêts du départ.

Saint Jérôme n'a-t-il pas dit : « La douleur qu'on éprouve en quittant ses amis est proportionnée à l'amour qu'on leur porte. *Tantus dolor in amittente quantus amor in possidente.* »

Aussi, comme mon pauvre cœur est troublé ! mais n'importe, la France est bouleversée, un ennemi vainqueur et cruel l'enserre de toute part. Il arrivera pire peut-être. La guerre civile peut succéder à la guerre étrangère, mieux vaut être au loin à ces heures fatales... d'ailleurs, deux femmes seules, une mère et sa fillette ne peuvent être d'aucun secours pour la Patrie...

Le 10 novembre, je monte avec Georgette dans l'omnibus de Ploërmel, qui conduit à la gare de Questembert. Malgré ma tristesse, je me sens disposée à tout voir, à tout admirer, à m'abandonner au charme du nouveau, de l'inconnu.

Oh ! les belles fougères qui bordent la route, ce sont les seules verdures maintenant ; cependant, en voilà beaucoup que la gelée a cuivrées d'abord, teintées de feu ensuite. Elles vont mourir. Les arbres aussi sont dépouillés !

Je me penche souvent à la portière pour apercevoir encore ce pauvre et cher petit Ploërmel, d'où datent mes plus lointains souvenirs d'enfance.

Mes compagnons de voyage sont insignifiants, je m'absorbe dans mes pensées où les regrets et l'appréhension marchent en se coudoyant. Georgette est enchantée de la locomotion, mais comme à son âge on se fatigue vite de la même chose, je l'ai munie de quelques friandises qui lui seront une ressource contre l'ennui.

A Questembert, nous montons dans le train avec un vieux monsieur qui me fait songer au Juif-Errant: il en a assez l'extérieur, et me raconte qu'il vient de parcourir les villes de l'Est. Le voici à l'Ouest, et il parle de se diriger vers le centre. Nous le perdons à Nantes, mais le retrouvons au buffet de Tours. le lendemain matin à six heures ; le temps est affreusement froid, la neige commence à tomber. Là, nous montons encore dans le même wagon et continuons notre voyage pêle-mêle, avec des soldats de toutes armes, dont quelques-uns sont blessés. Un turco réclame, en me tutoyant, mes soins pour panser sa blessure. Je me hâte de témoigner ma sympathie à ce héros obscur, à ce bon enfant de l'Afrique, qui pleure au souvenir de son pays, et de ceux qu'il a laissés là-bas. En reconnaissance de ce que je fais pour lui, il tire du fond de ses grandes poches des pommes et des morceaux de sucre qu'il offre à Georgette, s'excusant de n'avoir rien de meilleur, et nous avons toutes les peines du monde à lui faire garder ses petites douceurs qui lui sont nécessaires et dont il veut se priver pour nous. Sous son enveloppe basanée et rigide, bat un cœur généreux. Louis XVII, dans sa sombre prison du Temple, n'avait-il pas gardé la plus belle des deux pommes, que la Simon lui jeta un jour en pâture, pour la donner au médecin qui venait le soigner.

La délicatesse de sentiments est de toutes les conditions.

Les belles campagnes de la Loire m'apparaissent ensevelies dans les neiges. Comme tout ce pays doit être beau l'été, coteaux couverts de vignes, noyers chevelus, rivières argentées, prairies verdoyantes, châteaux princiers. Quelles richesse ! c'est bien là le jardin de la France. A Vierzon, l'aspect change. Le pays devient triste et pauvre, ici disparaît notre compagnon biblique. Nous subissons un long arrêt de quatre heures, la gare est encombrée de militaires aux uniformes les plus variés et les plus fantaisistes, j'y vois des francs-tireurs en grand nombre, tout ce monde va rejoindre le gros de l'armée de la Loire et se dirige vers Bourges.

Bourges, que nous saluons seulement au passage, est dans une situation délicieuse. Arrivés à Saincaize très tard, nous nous installons, après un maigre et très cher souper au buffet, dans la salle d'attente pour trois ou quatre heures, et chacun dort comme il peut.

Vers trois heures du matin, il faut se réveiller piteusement pour prendre la ligne de Dijon, nous entrevoyons vaguement Moulins, Roanne blanchis de neige, et nous entrons dans les montagnes de la Côte-d'Or, avec des tunnels à n'en plus finir et des chalets pittoresquement situés, qui font déjà rêver à la Suisse. La campagne est splendide aux environs de Lyon. Nous y arrivons à onze heures du matin, nous avons trois heures d'arrêt, tâchons de les bien dépenser. Je descends bravement en ville, et m'aventure jusqu'à la place Bellecour.

Si ce n'était le drapeau rouge qui flotte à l'Hôtel-de-Ville, et les proclamations séditieuses qui tapissent tous les murs, on pourrait croire que la ville est calme. Nous prenons la ligne de Genève vers deux heures, franchissons le Rhône majestueux, puis la Saône.

Ah! quel admirable fleuve que le Rhône! On devrait écrire l'histoire des fleuves, comme on écrit celle des hommes. N'est-ce pas sur leurs bords riches et féconds que s'élèvent les plus belles cités, et ne se trouvent-ils pas ainsi entièrement liés à l'histoire des peuples?

Le Rhône est le plus beau des fleuves de l'Occident.

« C'est, par excellence, le fleuve historique de l'Europe. S'ouvrant sur la Méditerranée, la mer classique du monde ancien, et directement orienté vers le nord, le Rhône était destiné à devenir le grand chemin des nations. C'est par lui qu'ont pénétré tour à tour les Phéniciens, les Grecs, les Romains, et avec eux tous les arts, tous les cultes, tous les conquérants, tous les trafiquants de la Méditerranée. C'est sur ses rives que se sont passés les évènements les plus décisifs de notre histoire. »

Bientôt nous n'avons plus qu'un horizon de montagnes. Ici commencent mes étonnements, mes exclamations ; le train marche fort lentement, les tunnels font le bonheur de Georgette et mon désespoir. A Culoz, embranchement pour Aix-les-Bains, j'ai envie d'y aller coucher, et fais d'inutiles tentatives pour faire changer de direction à mes bagages, impossible d'y parvenir ; il faut renoncer à voir ce beau lac du Bourget, qui a si bien inspiré Lamartine, et repartir pour Genève. Nous remontons en wagon, l'heure avance, les voyageurs descendent peu à peu, et nous restons seules dans notre compartiment, Georgette dort paisiblement, moi j'ai trop envie de voir autour de moi pour y songer. A Bellegarde, dernière station française, encore longue attente, visite des passeports, il fait noir comme terre. Au moment où le train va se remettre en mouvement, un grand jeune homme, à barbe fauve, avec un large manteau, escalade la portière de notre wagon et se promène avec agitation de long en large. Je vois dans mon guide que nous allons entrer dans le tunnel du Credo, long de treize cents mètres, le train suit des courbes effrayantes, je n'ai encore rien vu de pareil, ce ne sont que précipices à droite et à gauche, et j'ai de sinistres pressentiments. Le grand jeune homme fauve cherche à lier conversation et à me faire admirer les belles horreurs qui nous environnent, mais je refuse obstinément de mettre la tête à la portière, même pour regarder les chutes du Rhône, croyant deviner que ce sera le moment fatal où le brigand me plongera entre les deux épaules, le poignard qui doit être caché sous son manteau. Je n'ai d'yeux que pour suivre chacun de ses mouvements, ce qui donne peut-être une autre direction à ses idées et lui fait croire de ma part à une sympathie spontanée.

J'ai tout lieu de m'arrêter à cette supposition, car au bout d'une demi-heure, il essaie de me témoigner que la sympathie est réciproque. Enfin, vers onze heures nous arrivons sains et saufs à Genève, où mon inconnu s'empresse de me chercher une voiture et de me rendre quelques menus services. Nous nous quittons fort poliment, mais jamais je n'oublierai les dangers imaginaires que j'ai couru de Bellegarde à Genève.

CHAPITRE II

Genève, Chamounix, le Mont-Blanc, le lac Léman, Evian, Chillon, Lausanne.

A Genève, nous descendons à l'Hôtel de la Balance, rue du Rhône, hôtel assez confortable, mais la maison est pleine et nous avons en partage une mauvaise chambre, où je trouve bien difficile de dormir. Notre première sortie est pour aller entendre la grand'messe à la nouvelle église catholique ; la reine d'Espagne et sa fille y étaient ce jour-là. Puis nous allons faire une promenade en voiture autour de la ville. Je suis ravie de Genève, j'admire son beau lac et son cadre de montagnes dominées par le Mont-Blanc, ensuite nous visitons plus en détail l'intérieur de la ville, la vieille cathédrale, le musée, le jardin anglais tout au bord du lac, avec un relief du Mont-Blanc, l'île Jean-Jacques Rousseau, enfin toutes les curiosités de cette belle cité, l'une des plus éclairées et des plus industrieuses qui existent.

Mais je l'avoue, le Mont-Blanc et le lac sont mes

deux objectifs de prédilection. Le voilà ce beau lac Léman, aux poissons exquis, aux demeures enchantées, aux sites féeriques, montagnes vertes, glaciers éblouissants, ce lac de saphir, qui connait cependant les tempêtes, les crues subites et que le Rhône majestueux lui-même toujours, traverse sans mêler ses eaux aux siennes.

Le voilà ce lac suisse, rempli de souvenirs français ; c'est le lac de Jean-Jacques Rousseau et de Mme de Warens, de Mme de Staël et de lord Byron. *Monabri* parle de Mgr Dupanloup comme Evian parle de Montalembert, et Montrieux du père Gratry : « Grandes âmes catholiques venant sur une terre en partie protestante, attirées là sans doute par la souriante image de St-François de Sales. »

Genève est donc une ville superbe, ses habitants sont serviables et polis ; voilà mon sentiment, aussi je renie ce méchant jeu de mot de l'un de ses habitants, quelque peu rageur sans doute :

« *Quand je ne vois*
Que Génevois
Rien de beau je ne vois. »

Je songe aussi à faire usage de mes lettres de recommandation et dans cette patrie d'adoption de Calvin, considérée autrefois *comme la Rome du calvinisme*, j'ai l'honneur d'être reçue par Monseigneur Mermillod, évêque auxiliaire de Genève et Lausanne et l'un de nos prélats catholiques les plus éminents. Il a des manières extrêmement paternelles et bienveillantes. C'est ainsi que je me suis toujours représenté un évêque, vrai pasteur du troupeau des âmes.

Je n'ai pas voulu quitter Genève sans faire une promenade à la belle vallée de Chamounix. Là, tous les honneurs sont pour Sa Majesté le Mont-Blanc, le sommet le plus élevé des Alpes pennines et de toute l'Europe. Il a quatre mille huit cent dix mètres au-dessus de la mer. Il faut deux jours pour le gravir, Saussure est le premier qui en ait fait l'ascension en 1787 ; il a eu depuis bien des imitateurs. Quant à moi, j'ai refusé énergiquement *l'alpenstock*, le bâton de l'ascensionniste, et je me suis contentée de saluer d'en bas et très bas le géant, sans vouloir faire avec lui plus intime connaissance. C'est aussi à distance que j'ai admiré les immenses glaciers, formés des eaux qui descendent du Mont-Blanc.

« Ces amas de blocs énormes, frangés de nappes éblouissantes, produit des brisures incessantes de la masse de neige accumulée entre les pics rocheux, premiers degrés du Mont-Blanc sont fixés autour de lui comme des sentinelles gigantesques. »

Tout cela c'est le chaos, mais d'une sublime grandeur qui saisit l'esprit. C'est également de loin que j'ai salué très respectueusement la *mer de glace*.

Ah ! cette mer de glace, qui a près de huit kilomètres, quel effarement pour ceux qui n'ont pas le pied... montagnard et ne connaissent comme moi que le vulgaire plancher des vaches.

Cette mer de glace, c'est une frappante image de la vraie mer. Les flots de glace sont presque aussi dangereux que les flots d'eau. Les glaciers sont unis, ce sont des miroirs, mais la mer de glace est tourmentée et combien devient dangereuse la traversée de cette mer, sur la crête immobile de ces vagues d'eau pétrifiée ! C'est armé d'un bâton en sapin ferré d'un crampon solide que l'on commence cette marche unique dans son genre.

On n'écoute pas assez les bons conseils des guides ; quoique toujours prêts à secourir les imprudents et les inhabiles, ils ne peuvent pas tous les sauver. La témérité et la maladresse se paient parfois trop cher, il arrive bien des accidents.

Ces flots entassés non sans ordre, vous apparaissent comme des flots marins, dont ils ont la couleur et la transparence, ils font penser à une mer soulevée par la tempête, malgré leur immobilité, malgré leur coupure en crevasses profondes, dont l'œil ne peut essayer de mesurer les dimensions *abîmières*, malgré les *glissoires* verticales, qui ont jusqu'à trois cents mètres, et plus, de profondeur et qui aboutissent à d'effroyables gouffres.

Sur ces hauteurs, à peine accessibles, on a la notion complète du silence absolu.

Sur la mer, si douce qu'elle soit, les vagues clapotent ; dans les bois, la brise murmure ; aux champs on entend la rumeur, le fourmillement des infiniments petits. Ici rien, aucun bruit sous le ciel d'un bleu sombre, aux reflets aciérés.

Quand le soleil irradie ces pics sauvages, dont le front semble crever le ciel et dont les pieds sont entourés de radieux mirages, l'effet est saisissant. C'est une vision fantastique, éblouissante, qui s'incruste à jamais dans la mémoire.

Du reste, Alexandre Dumas a si bien décrit ce pays en disant tout et même plus que ce qu'on en peut dire, qu'il ne reste rien pour les humbles comme moi qui n'ont ni son étonnante imagination ni son talent fertile.

Il en est de même du voyage en Orient de Lamartine. Tous ceux qui ont refait ce voyage après lui, officiers de marine, peintres, écrivains, ont vainement cherché les lieux témoins de ses merveilleuses descriptions. C'était le poète qui voyait les choses, c'était la magie de son imagination qui colorait tout cela, c'était son propre idéal qu'il traduisait. D'ailleurs, je suis fatiguée de mon excursion, la *bête* en ce moment l'emporte sur la *belle*. Je ferme mon cahier et je mets ma plume et mon esprit au repos.

Après avoir fait d'inutiles tentatives pour trouver un petit logement à mon gré, Mgr Mermillod me conseille d'aller à Evian, la perle du lac, à trois lieues environ de Genève, et me donne une lettre de recommandation pour l'aumônier du couvent de Saint-Joseph. Nous traversons donc le lac en bateau à vapeur. Cette petite traversée m'a semblé délicieuse. A Evian, nous nous rendons tout droit chez le bon aumônier, vrai Saint François de Sales *rustique* à qui j'abandonne le soin de me caser, mais au bout de quelques jours, je vois bien qu'il me sera impossible de rester à Evian, malgré son site enchanteur : le manque de journaux est pour moi une grande privation, en ce moment on ne vit pas seulement de pain, il faut des nouvelles, que devient notre chère et malheureuse France ?

Ah ! que Victor Hugo avait bien raison le jour où il a dit : Pour aimer votre patrie, quittez-la... Sa pensée me revient sans cesse, et n'en entendre plus parler me semble un vrai supplice.

Nous partons au bout d'une semaine pour le Bouveret à l'extrémité Sud-Est du lac en passant par Saint-Gingolph et les rochers de Meillerie.

Là, nous prenons la ligne du chemin de fer d'Italie jusqu'à Saint-Maurice, petite ville du Valais enfouie au pied de hautes montagnes, dont la principale est la Dent du Midi. Ce lieu pittoresque me plaît beaucoup, mais ma fièvre de curiosité ne me permet pas de me poser encore. Il faut que je voie toutes ces charmantes villes qui bordent le lac : Villeneuve, Aigle, Bex aux eaux sulfureuses et aux mines de sel gemme, Montreux, Vevay avec sa halle au blé à colonne de marbre, Chillon avec son château fort d'un grand effet sur son rocher isolé. Ce château servait jadis de prison d'Etat, et renferma pendant quatre ans le fameux patriote et célèbre historien prostestant Génevois Bonivard, dont les malheurs ont inspiré à Lord Byron l'un de ses plus beaux poèmes.

Nous avons visité l'appartement qu'occupa le prisonnier, nous avons vu l'empreinte creusée dans le roc par ses chaînes. Un reflet du ciel tombant bleuâtre et terne, à travers l'étroite fenêtre grillée, répandait à ce moment sur le sol les teintes d'azur changeant qui rendent si mélancoliques les demeures souterraines du château de Chillon. C'est sur le bord de cette fenêtre, dit la légende, qu'un petit oiseau venait chanter chaque jour et consoler le prisonnier.

Les indigènes montrent aussi aux amateurs de souvenirs authentiques, les traces des pas de ce « martyr du papisme » qui aurait dit après sa délivrance : « J'avois si bon loisir de me pourmener, que je empreignis un chemin à la roche qui étoit le pavement de céans comme si on l'eût fait avec un martel. »

J'avoue qu'au premier moment j'avais trouvé cela un peu fort : les pas de Bonivard creusant une empreinte ineffaçable dans la roche dure en si peu d'années, puis je n'y avais plus pensé. (1).

Nous avons terminé par Lausanne, où je dois rendre visite au curé catholique pour lequel j'ai

---

(1) Je n'avais pas tort. Voici ce que j'ai lu dernièrement dans le *Courrier de Genève* :

Vaud. — Le Grand Conseil s'est réuni lundi soir en session ordinaire d'automne. Il a d'abord liquidé deux interpellations, la première de M. Paul Vulliet relative à la disparition, par suite de travaux exécutés au château de Chillon, des traces de pas de Bonivard autour de la colonne à laquelle il avait été enchaîné.

une lettre de recommandation. Ah ! Lauzanne, quelle ville glaciale, quelle Sibérie ! Elle n'aura pas nos préférences. Nous courons chez notre curé qui nous reçoit à merveille, nous fait nous chauffer et nous réconforte de son mieux. Vraiment, nous en avions grand besoin, car je ne me rappelle pas avoir jamais eu aussi froid. Pauvre Georgette en pleurait, le vent lui avait enlevé son chapeau, et nous nous demandions s'il n'allait pas nous emporter nous-mêmes ; c'est devenu une vraie course que de rattraper ce chapeau qui s'envolait chaque fois que nous croyions mettre la main dessus.

Avec les indications du bon curé, je suis allée voir quelques logements, mais je n'ai rien trouvé qui me convînt, et je crois que ce froid terrible m'indispose contre Lauzanne malgré sa délicieuse situation. Après avoir parcouru la ville en tous sens, nous prenons le train du soir pour Fribourg.

En réponse à cette interpellation, M. Vicquerat donne lecture d'un rapport du directeur de la restauration.

Ce rapport établit que les traces en question n'ont jamais été creusées par les pas de Bonivard ; ensuite que ces traces sont rafraîchies chaque hiver, alors que les étrangers sont peu nombreux, à l'aide de pelles et de pioches, et d'ailleurs ces traces ont été rétablies depuis le dépôt de l'interpellation.

Comme on le voit il est aussi fort bon de *raffraichir* l'histoire.

CHAPITRE III

Fribourg, le Moléson, Gruyères.

J'ai le pressentiment que c'est à Fribourg que je m'arrêterai. Nous descendons à l'hôtel des Merciers, tout près de la vieille cathédrale Saint-Nicolas. Ce matin j'ai parcouru la ville. Quel aspect étrange ! Avec ses terribles vieilles tours posées en sentinelles, et les fenêtres de ses maisons ornées de riches et lourdes grilles en fer, elle a conservé le cachet moyen-âge. La cathédrale possède une chaire et un baptistère en pierre sculptée qui sont remarquables, ainsi que la magnifique grille séparant le chœur de la nef.

Elle possède aussi les célèbres orgues d'Aloys Mooser. Au dire des Fribourgeois, qui en sont très fiers, ce grand orgue est comme celui de Harlem, en Hollande, une véritable merveille. A lui seul, il mérite le voyage de Fribourg.

On m'a fait remarquer sur la petite place, le vieux tilleul de Morat ; son grand âge et le glorieux souvenir qu'il rappelle, le rendent l'objet d'un culte tout particulier de la part des habitants, moi je ne l'ai pas regardé du même œil, il m'a rappelé la victoire des Suisses sur les Français, et quoique cela remonte loin, cette vieille défaite du passé, en ce moment où nous en comptons tant dans le présent, m'a jeté du froid dans l'âme. Quand l'âme souffre, que ce soit celle de la Patrie ou des individus, elle voit partout des allusions à ses propres malheurs.

Voici la légende de ce tilleul :

Un jeune guerrier apportait à Fribourg la grande nouvelle de la victoire remportée à Morat sur Charles-le-Téméraire, en 1476. Il tenait en main une branche de tilleul, mais épuisé par le combat et la course, il tombe et meurt en arrivant. C'est sur l'endroit même où il rendit l'âme qu'on planta son rameau de tilleul, qui est devenu l'arbre vénérable et quatre fois séculaire, que je viens de contempler.

C'est sur l'emplacement de l'ancien château du duc Zaehringen Berthold IV, margrave de Bade, fondateur de Fribourg, que s'élève l'hôtel de ville.

Une partie de la cité fribourgeoise est bâtie sur des rochers à pic, l'autre partie au pied de ces rochers, sur les bords de la Sarine. Pour communiquer de la ville haute à la ville basse, il faut descendre des escaliers couverts interminables placés quelquefois sur le toit des maisons de la partie inférieure.

Ses deux ponts, d'une élévation prodigieuse, suspendus l'un sur la Sarine, l'autre sur l'étroite et profonde vallée du Gotteron sont vraiment jetés au-dessus de deux abîmes. Il y a beaucoup d'anciennes églises curieuses à visiter et plusieurs vieux monastères aux environs de la ville ; ces monuments d'un autre âge, sont pour le voyageur une agréable vision du passé ; la charmante petite chapelle de Notre-Dame-de-Lorette plantée au sommet d'un rocher à pic, tout au bord de la Sarine, retient aussi les touristes : elle fut construite en 1647, d'après le modèle de la *Casa Sancta*, et renferme de nombreux et très curieux ex-voto. Les orgues sont aussi d'Aloys Mooser.

De ce point élevé, on jouit d'un magifique panorama. A l'ouest on voit les monts du Jura, au sud le Moléson, et la vallée de Gruyères, célèbre par ses fromages appréciés du monde entier.

Décidément, Fribourg me plaît ; nous allons y installer nos quartiers d'hiver, je viens de louer un appartement chez M. de Fiwaz, zélé catholique, ancien défenseur du pape et de Ferdinand VII. Grâce à ses conversations intéressantes sur la Suisse et l'Italie, je ne m'ennuierai pas trop ici. Ce bon Suisse ainsi que la plupart de ses compatriotes témoigne d'une grande sympathie pour la France, il me procure des journaux autant que j'en puis lire, et je suis parfaitement au courant des nouvelles de la guerre. Son désir de m'être agréable en tout est si évident, il a tant de prévenances pour ses deux Françaises que je lui pardonne ses politesses un peu exagérées, qui ne vont point à son excellente et simple nature. Georgette et lui sont une paire d'amis, il va tous les jours la conduire à l'école, la tenant cachée sous son immense pelisse de fourrure. C'est ainsi qu'ils font presque toutes leurs promenades ; petits souliers et grandes bottes, trottant sous le même manteau.

Grâce à M. Fiwaz, nous avons assisté hier à un petit spectacle fort réjouissant. Nous avons entendu trois Jodler d'Apenzell en costume national. Ces troubadours modernes portent la culotte jaune, la veste rouge, des boucles d'oreilles et des médaillons féminins au cou. Leur chemise est attachée par des boutons plats en argent. Une courte pipe est suspendue à leur boutonnière ; le fameux *Ranz des Vaches* a clos la séance. Nous avons écouté religieusement cet air populaire dont l'audition inspirait jadis aux mercenaires de l'Hélvétie une nostalgie si vive qu'ils n'hésitaient pas à déserter dès qu'ils en avaient entendu les premières mesures. Un petit incident est venu rompre le charme, nos artistes même, en chantant, n'avaient point lâché leur énorme pipe de porcelaine, et l'un d'eux au beau milieu de son exécution s'est arrêté pour la rallumer, en battant le briquet suivant l'antique usage de l'âge de pierre. Je n'ai pas osé rire, mais j'en avais bien envie.

Je suis toujours au premier chapitre de mes étonnements et de mon admiration, je ne me fatigue pas du spectacle grandiose des montagnes. Comment décrire ces masses abruptes, farouches, toutes noires avec leur capuchon de neige, les pics, colosses fantastiques, les gouffres, abîmes sans fond, les clameurs sinistres des torrents, la plainte affolée du vent, comment décrire tout cela entendu et vu quand la nuit bat son plein, que le silence enveloppe la terre sous les ruissellements d'un ciel plein d'étoiles ? Quelle fascination ! cette contemplation muette, c'est une prière, et vous vous sentez troublé jusqu'au plus intime de votre être. Le touriste avide d'émotions suggestives, de sensations neuves, fera bien aussi d'aller voir un lever de soleil dans les montagnes. C'est quelque chose de féerique que ni la parole ni la plume ni même le pinceau ne peuvent rendre.

« Frangé d'or, l'horizon s'embrasait ; et, ce soleil, lentement comme s'il eût hésité à prendre son essor dans l'immensité radieuse dont il colorait les nuées des milles couleurs du prisme, cernant de rouge et de vert de bleu et de jaune, de violet et de rose les contours de ces îles aériennes, archipel merveilleux jeté en l'azur du firmament infini, le soleil incandescent et infixable dans son éblouissante ascension, montait majestueux au milieu des astres soudainement évanouis... Sur les monts la lune s'éteignait... »

Quand le temps le permet, je pérégrine volontiers avec M. Fiwaz, il me donne toutes les explications voulues, à l'aide de ses connaissances historiques et géographiques, je m'instruis, et nos promenades me semblent très attrayantes. J'ai consenti à faire à dos de mulet l'ascension du Moléson, à deux mille mètres d'altitude. C'est ma première ascension... je crois bien que ce sera aussi ma dernière. Vue splendide, fatigue intense..., je ne sais lequel l'emporte sur l'autre. Du sommet du Moléson, on découvre les lacs Léman, Neuchâtel, Morat et Bienne, les villes d'Evian, Thonon, une partie de Genève, Morges, Romont, Neuchâtel, Morat, Fribourg, une partie de la Savoie et du Jura français et suisse.

Je suis aussi allée à Gruyères, une petite ville à sept lieues de Fribourg, bâtie sur un monticule. Elle s'enorgueillit de son antique château, résidence des comtes de Gruyères du neuvième au seizième siècle. Elle a deux industries : le tressage de la paille et principalement la fabrication du fromage, qui s'étend dans toutes les campagnes.

Je soupçonne M. Fiwaz d'embellir un peu ses récits. Il m'a raconté que dans le petit village de Zermatt, station des Alpes valaisanes, il y a une aristocratie constituée d'après un principe très particulier : les quartiers de noblesse sont des quartiers... de fromage.

Les familles de Zermatt sont d'autant plus nobles qu'elles possèdent plus de fromages et de plus anciens; certains datent d'avant la Révolution française; leurs propriétaires forment la haute aristocratie du pays.

Les fromages jouent un rôle très spécial dans la

vie sociale de Zermatt. Quand un enfant naît, on fabrique un fromage qui porte son nom ; ce fromage est mangé en partie le jour du mariage de cet enfant, on l'achève le jour de ses obsèques. Quand un jeune homme désire épouser une jeune fille, il s'invite à dîner un dimanche dans la famille de sa prétendue : si le père de cette dernière exhibe au dessert le fromage qui porte son nom et lui en donne un morceau, c'est qu'il l'agrée pour gendre.

Allons ! voilà une nouvelle noblesse qui ne se trouve dans aucun armorial.

Une noblesse plus héroïque et plus touchante, c'est celle de Guillaume Tell. M. Fiwaz met une chaleur communative à raconter son histoire. En l'écoutant, je croyais entendre son cœur patriotique et chevaleresque battre du sublime amour de la Patrie. C'est avec orgueil qu'il cite les auteurs qui ont chanté son héros. Il a le roman de Florian, la tragédie de Lemierre, le drame de Schiller, et enfin l'opéra chef-d'œuvre de Rossini.

Guillaume Tell n'a jamais existé, disent certains auteurs : « c'est une légende suédoise transportée en Suisse, c'est un mythe ! »

Sceptiques aveugles ! la preuve qu'il a existé, c'est l'enthousiasme que son nom éveille. Guillaume Tell a existé comme Jeanne d'Arc, comme tous les libérateurs des peuples ; il vit, il vivra toujours, il palpite, il est immortel dans le cœur reconnaissant de l'Helvétie.

CHAPITRE IV

Débâcle de notre armée de l'est, dévouement des Suisses. Berne, Thoune, Interlaken, Grindelwald, retour à Berne, anecdotes de voyage, hôtels et hôteliers.

Janvier 1871.

Nous commençons l'année en exil, et bien tristement, les nouvelles de la patrie sont de plus en plus mauvaises... Quel effondrement ! quel douleur ! l'ennemi victorieux nous écrase de toutes parts, et les atrocités prussiennes ne se comptent plus. Oh ! non, la barbarie n'est pas morte encore. La civilisation ne l'a pas tuée. En ce moment, nous la voyons se réveiller, chez un peuple qui se dit policé, avec tout l'emportement d'une nation sauvage.

Les premiers jours de février, l'armée de Bourbaki est refoulée sur la frontière Suisse, quarante mille hommes passent à Fribourg et trois mille y sont internés. Pendant huit jours, nos pauvres soldats arrivent à toute heure du jour et de la nuit, on ne sait où les loger, les vivres manquent. Le crieur public parcourt les rues de la ville en faisant appel à la charité des habitants.

Les Fribourgeois se montrent d'une bonté parfaite, on voit des traits de charité touchants parmi les plus pauvres. M. de Fiwaz fait de larges distributions de vivres, il emmène Georgette avec lui matin et soir, et elle est bien fière de servir la soupe à nos malheureux soldats. Nous allons aussi visiter les ambulances où les dames de la ville soignent elles-mêmes nos malades et blessés, ils sont en bien grand nombre. Jamais je n'oublierai ce triste spectacle et jamais je n'aurai d'enthousiasme pour aucune guerre désormais. (1)

Ici c'est un zèle, une rivalité de charité, dont on ne peut se faire idée qu'en l'ayant vue. Il n'y a plus de classes. Les hommes les plus riches font les corvées ; ils portent des bottes de paille, des marmites de soupe, des femmes élégantes lavent les pieds meurtris et sanglants. Il n'y a plus de castes, il n'y a plus que des frères, d'un côté ceux qui souffrent, de l'autre ceux qui secourent.

Dès la première heure, le jour de l'entrée de nos pauvres troupes, pendant le défilé lamentable, la foule bordait les rues, les mains remplies de vivres, de liqueurs, de cigares.

---

(1) Les années ont passé, mais les sentiments que j'éprouvais alors n'ont pas changé. La guerre est une œuvre impie, le plus terrible des fléaux, le plus épouvantable des malheurs, c'est le châtiment de Dieu ! D'après des documents réunis depuis, il résulte que la guerre de 1870 a coûté à la France et à l'Allemage : deux cents mille morts, cinq cents mille blessés et quinze milliards de francs !

On écrirait un volume, des traits héroïques accomplis par cette excellente population.

Une vieille blanchisseuse donne son unique chambre à six hommes, et passe la nuit dans sa cuisine à laver et sécher leur linge pour le lendemain.

Une autre femme rencontre sur la route un blessé, dont les pieds gelés sont nus. Elle lui met ses bas et ses souliers, et c'est elle qui, les pieds nus, reprend dans la neige la route de sa cabane, à plus d'une heure de marche. Partout les soins matériels sont accompagnés de bonnes paroles d'encouragement, de doux mots d'espérance. La femme trouvera toujours dans son cœur plus de tendres paroles pour le vaincu, qui s'est battu bravement, que de louanges pour le vainqueur, qui se montre enivré de sa victoire.

Pendant une froide nuit, un fermier loge volontairement tous les malheureux qui se présentent ; il donne son pain, son foin, son avoine, son bois, sa boisson. Le lendemain il n'a plus rien, mais il a secouru cinquante chevaux et sept cents hommes, dont plusieurs certainement doivent la vie à son dévouement.

Depuis l'entrée de nos troupes, plusieurs épidémies se sont déclarées. La fièvre typhoïde et la petite vérole surtout font de grands ravages à Fribourg. Cela me fait une peine affreuse de penser que mes compatriotes sont venus apporter la mort à ceux qui voulaient leur rendre la vie.

Oh ! la guerre, la guerre avec toutes ses conséquences. Quelle atrocité ! la peur me prend, d'ailleurs, la paix est signée, les beaux jours arrivent et je me décide à revenir en France, en passant par Strasbourg, que je tiens absolument à voir. Mais avant de quitter la Suisse, j'ai encore quelques villes à visiter. M. Fiwaz nous accompagne jusqu'à Berne qui est notre première étape, et nous sert de cicérone. Cette ville fondée ou rebâtie également par un duc de Zœhringen, Berthold V, en 1191, est au moins aussi curieuse que Fribourg. Ses longues rues sont bordées d'arcades et ses ours sont des citoyens fort considérés. Notre plus longue visite a été pour eux, Georgette ne pouvant se décider à les quitter.

Ces ours, ce sont les armes vivantes de la ville, dont le nom en grec *arctopolis* veut dire la ville de l'ours. Puis nous avons vu le palais fédéral, beau bâtiment moderne, quoiqu'un peu bas, décoré à l'italienne ; la belle vieille cathédrale, devenue temple protestant, la nouvelle église catholique, la porte de Morat, le beau pont de la Nydeck et la promenade de la *Plate-Forme*, d'où la vue est splendide. Près de l'hôtel des Boulangers, où nous sommes descendues, j'ai remarqué une horloge bizarre, où les douze heures sont représentées par douze ours, qui s'en vont frapper sur le timbre, après avoir respectueusement salué en passant N. S. J. C. qui est assis sur son trône. On sait que depuis longtemps les Suisses sont passés maîtres dans l'horlogerie.

M. de Fiwaz nous a fait de tendres adieux. Nous partons pour Thoune, sur le lac du même nom.

C'est une ville curieuse, entièrement bâtie en amphithéâtre, au flanc d'une montagne, le lac lui-même est comme enchâssé dans des monts de différentes hauteurs, au-dessus desquels la *Jung-Frau* (jeune vierge), élève son front immaculé et tout étincelant de neiges éternelles. La *Jung-Frau* est à quatre mille trois cents mètres d'altitude, cinq cents mètres de moins que le Mont-Blanc, mais ascension plus pénible.

Beaucoup d'autres sommets sont également couronnés de neiges. Ils sont au second plan du lac, tandis qu'au premier se trouvent des montagnes moins hautes, couvertes de forêts inextricables.

De Thoune, nous traversons le lac en bateau à vapeur, pour arriver à Interlaken, charmant petit village tout encerclé de hautes montagnes, dont la *Jung-Frau* semble la reine. C'est sans doute un des sites les plus enchanteurs qui existent au monde. La légende en fait foi, en est-il une plus poétique que celle d'Interlaken ?

« Lorsque le bon Dieu eût chassé nos premiers parents du paradis terrestre, il dit à ses anges : « Emportez loin, bien loin, ce lieu de délices qui n'a plus d'habitants. » Les anges, chargés de leur précieux fardeau, s'arrêtèrent quelques instants pour se reposer à l'abri de grandes montagnes. Ils étaient aux pieds de la *Jung-Frau*, et ils furent tellement frappés de sa radieuse majesté et des deux grands lacs qui s'étendaient devant elle, qu'ils ne purent s'empêcher d'abandonner un petit morceau de l'Eden dans le vallon compris entre les deux lacs, pour compléter la beauté de ce paysage merveilleux.

Comme on le voit, il n'y a qu'à venir à Interlaken pour retrouver le paradis perdu.

Oui, la *Jung-Frau* reste la reine incontestée de ces lieux, tous les environs ont été mis à contribution pour faire ressortir son éclat, et l'on peut dire que l'on trouve ici dans tout leur épanouissement, les magnificences tant vantées de la Suisse et de l'Oberland bernois.

A ce moment, il règne une grande animation, les hôtels sont pleins d'officiers français internés, on y rencontre aussi des officiers ennemis, nous avons dîné avec plusieurs Prussiens le jour de notre arrivée. Cela m'a serré le cœur et coupé net la parole et l'appétit.

Les hôtels sont aussi nombreux que superbes, d'une élégance, d'un luxe qui ne laissent rien à désirer. Les gigantesques noyers d'Interlaken sont réputés dans toute l'Europe ; ils forment l'une des plus belles promenades qu'on puisse voir ainsi que le parc du Kurgarten, jardin du Kursaal ; au fond se trouve le Kursaal, avec ses salles de bal, de concert, de lecture, ses terrasses et ses pavillons. Ce bâtiment en lui-même est simple, il est construit dans le style suisse, c'est-à-dire en bois, mais le jardin est délicieux ; il est orné de plantes superbes, d'arbres et d'arbustes rares, un jet d'eau qui s'élève à quarante mètres, complète le décor. Il est réellement féerique le soir, lorsque son immense panache se drape à la lueur fantastique des feux du Bengale.

Le *Rugen* est aussi une promenade appréciée des touristes. Ce parc sylvestre, dont l'art n'a qu'en partie transformé l'état primitif, se compose d'une colline d'environ huit cents pieds de hauteur, entièrement couverte d'arbres magnifiques, qui répandent délicieusement l'ombre et la fraîcheur. Cette charmante colline, qui contraste si agréablement avec les pics effrayants et inaccessibles, dont quelques-uns s'élèvent jusqu'à onze mille pieds, est sillonnée en tous sens par des sentiers flexueux, bien tenus, garnis de blancs et bordés de balustrades, promenade reposante et non fatigante, comme il y en a tant en Suisse.

C'est au moment du renouveau, en mai et commencement de juin, qu'il faut surtout venir ici, alors les cascades et les chutes d'eau sont les plus belles ; les épais feuillages, les tapis d'herbe tendre et les nouvelles fleurs sont aussi dans leur épanouissement.

« Il n'est pas donné à tout le monde d'aller à Corinthe, » s'écriaient les anciens avec dépit. A l'inverse des anciens, les modernes peuvent dire qu'il est donné à tout le monde d'aller en Suisse, tant on a multiplié les moyens de transport et de communication, facilité les excursions les plus pénibles, semé le confort et le bien-être sous les pas des voyageurs. Ceux-ci, séduits, charmés, cèdent à l'entraînement et ne s'arrêtent que lorsque leur curiosité est satisfaite, c'est-à-dire quand ils ont tout vu.

Je me suis donc hasardée à faire quelques excursions qui ne s'effaceront pas de ma mémoire. J'ai visité dans la vallée de la Simme, Weissembourg, climat salutaire s'il en fut et dont les bains sont principalement recommandés aux poitrines délicates ; on n'y rencontre guère que des malades.

Plus riant est le village de Meiringen, avec son église antique au clocher isolé, particularité qui ne se voit qu'en Suède, d'où la chronique fait descendre de ce pays les premiers habitants de Meiringen.

Je me suis enfin lancée dans les montagnes, c'est non loin d'Interlaken, à deux ou trois lieues seulement que se trouvent, au dire des guides, les sommets les plus sublimes des Alpes centrales ; je ne m'y suis pas aventurée, mais on nous a persuadées de prendre des chevaux et de gravir à deux mille mètres au-dessus du sol, le pic de Mürren, d'où la vue s'étend sur toute la chaîne de montagnes, pics, aiguilles, flèches, pitons, sur toutes les vallées, sur toutes les gorges environnantes. C'est splendide, nous dit-on, et sur l'assurance que la route n'est pas dangereuse, nous nous laissons entraîner. Nous voilà donc parties, Georgette et moi, à cheval avec un guide.

Ah ! mon Dieu, quelle ascension ! et comment rendre la stupeur que j'ai éprouvée de nous voir escaladant de petits sentiers à pic, rendus presque impraticables par des éboulements et serpentant sans parapet aucun, à de petites hauteurs de mille, quinze cents, deux mille mètres. Georgette, bien emboîtée dans sa selle ne bronchait pas ; moi je sentais le vertige m'envahir lorsque je mesurais de l'œil la profondeur des précipices que nous côtoyions. Je l'avoue humblement, je m'accrochais à ma selle tout en me disant : Il ne faudrait qu'un faux pas de mon cheval pour rouler dans l'abîme. Brrr ! j'avais la chair de poule, je me sentais terrifiée par ce spectacle féerique mais effrayant. Parfois je fermais les yeux, m'abandonnant à la volonté de Dieu.

Quand je me suis vue embarquée dans cette épouvantable voie, j'aurais voulu revenir en arrière, mais il n'y fallait pas songer, ce chemin, à peine praticable pour la montée, est impossible à descendre, on revient à pied par l'autre versant.

Je n'essaierai pas de rendre les impressions multiples de cette escalade titanesque.

De temps en temps, nous nous trouvions en face de petits ponts ou plutôt d'une simple planche jetée en travers sur une cascade mugissante qui dégringolait dans l'abîme, et il fallait passer là-dessus. Fort heureusement, les chevaux ne sont pas sujets au vertige, c'est égal, je faisais un ouf ! de satisfaction lorsque nous étions de l'autre côté.

Il paraît qu'il y a en Suisse pas mal de chemins taillés dans le chaos et surplombant des ravins sans fond, qu'on appelle « le mauvais pas. » Quelle plaisanterie! ce mauvais pas ne vous donne qu'une image bien imparfaite de la réalité. On pense qu'il s'agit seulement de franchir un passage dangereux de quelques mètres. Ah bien oui ! il y a de ces mauvais pas là qui durent trois et quatre kilomètres, et il faut continuer de marcher en avant, on n'aurait même pas la place de se retourner.

Vraiment, c'est défier la Providence que de jouer ainsi avec le danger, de se lancer dans des lieux inaccessibles, uniquement par curiosité, pour se donner le plaisir de se promener, ou la gloriole de raconter ses hauts faits, et l'on prend un air modeste, pour terminer par cette petite phrase suggestive : « J'ai eu la témérité d'arpenter ces mers de glace, de traverser des gouffres vertigineux, de côtoyer ces chutes assourdissantes, » à quoi les amis ébahis répondent : « Vous êtes bien heureux d'avoir vu de si belles choses, tout le monde ne peut pas en dire autant, » et l'on vous complimente sur votre courage, votre sang-froid et votre énergie.

La route d'Interlaken à Grindelwald, village de l'Oberland, ne m'a guère paru agréable non plus, malgré son cadre grandiose. Impossible d'admirer les beautés de la nature quand on a peur.

Jusqu'ici je ne connaissais que les craintes émotionnantes sans doute, que peuvent vous causer chemin de fer et bateaux à vapeur, mais cette fois le trajet a été pour moi un véritable cauchemar.

Notre conducteur, sans souci de mon épouvante,

nous a conduites au grand trot, par un chemin bordé de précipices, enserré de tous côtés par de hautes montagnes, qui ne laissaient apercevoir qu'une petite échancrure du ciel au-dessus de nos têtes. Je ne sais comment nous avons pu arriver à Grindelwald sans accident. Nous y avons trouvé un excellent hôtel, je ne m'attendais guère à rencontrer le bien-être et la civilisation dans cet endroit perdu et presque inaccessible. Mais quel coin de la Suisse ne visite-t-on pas? et les hôtels de ce pays ne laissent rien à désirer. Cela se comprend facilement, puisque la Suisse comme l'Italie, vit en partie des étrangers. Elle les reçoit bien et le leur fait payer cher. Dame ! c'est une science fort appréciable de savoir plumer les poules, pardon, je veux dire les étrangers, sans les faire crier. Comment se regimber sur le prix, quand on est si bien traité? cela arrive cependant quelquefois (1).

La race des hôteliers écorcheurs n'est pas nouvelle.

Voici à ce sujet, une petite histoire qui ne date

---

(1) Autrefois on disait : « Pas d'argent pas de *Suisses*, » aujourd'hui on peut toujours dire la même chose : Pas d'argent pas de *Suisse*, il faut en avoir *beaucoup* pour y aller. Une statistique de *La Zuricher Post* constate qu'en 1892, les étrangers ont passé en Suisse cinq millions huit cent cinquante-neuf mille cinq cents journées d'hôtel, ce qui leur a coûté soixante-dix millions trois cent quarante-et-un mille francs.

De plus, on compte que les mêmes touristes ont dépensé environ quarante millions pour leurs voyages en chemin de fer, bateau à vapeur, voie funiculaire et à crémaillère, tramways, etc. C'est un beau denier pour un si petit pays.

pas d'hier cependant. Le condamné a, dit-on, vingt-quatre heures pour maudire son juge, le voyageur dont il va être question prit plus de temps pour maudire son hôtelier.

Un Anglais, voyageant en Suisse, demanda dans un hôtel un bol de bouillon qu'on lui fit payer dix francs. Quelques jours après, d'un pays éloigné, il écrivit à l'hôtelier sans affranchir sa lettre, et la poste était chère à cette époque :

« Monsieur, votre bouillon était bon, mais un peu cher. »

A des mois d'intervalle, il renouvela sa vengeance par les moyens les plus imprévus et les plus divers. Une bourriche arrivait, d'où l'on voyait sortir des pattes de gibier, mais il n'y avait que de la paille et une lettre, toujours la même :

« Monsieur, votre bouillon était bon, mais un peu cher. »

Un jour, l'hôtelier reçoit des colonies une caisse avec cette étiquette : Café superfin. Il paie le port, ouvre, trouve des graviers et la sempiternelle lettre :

« Monsieur, votre bouillon, etc. »

On écrivait au susdit hôtelier pour retenir des appartements, il ne pouvait, sans risquer de perdre sa maison, refuser les lettres et il était continuellement attrapé.

Comme on le voit, les fils d'Albion ont la rancune tenace. La chose avait été racontée dans quelques journaux anglais, beaucoup de voyageurs, les Anglais surtout, évitaient cet hôtel. Bref, le malheureux hôtelier courait à sa ruine; il fut forcé de vendre, et l'acquéreur, pour ramener la fortune, s'empressa de changer d'enseigne.

En fait de note à payer, une de mes amies, qui voyageait aussi en Suisse, eut un jour une agréable surprise. Elle venait de parcourir la carte de l'hôtel et de commander deux portions de prix fort raisonnables pour son déjeuner, cependant le dernier plat inscrit sur cette liste l'intriguait beaucoup:

Caléiche à la choute: 10 fr.

Était-ce une vulgaire chou croûte allemande, était-ce un mets national, en tout cas, ce devrait-être un gâteau, l'ordre de son inscription indiquait un dessert. Mon amie, un tantinet curieuse de son naturel, ne put résister à la tentation, elle demanda une caléiche à la choute.

Il y avait une demi-heure qu'elle attendait, sa patience était à bout. A chaque demande: Est-ce prêt! on lui répondait: *Tout de chuite! Tout de chuite!*

Ah! se disait-elle, je me suis joliment fait attraper, c'est un plat sans doute fort long à confectionner, qu'on ne demande que rarement, vu son prix ; on va me servir quelque chose de détestable. Elle en était là de ses lamentations, quand un joyeux carillon de grelots lui fit lever la tête. Une voiture venait d'entrer dans la cour, les chevaux piaffaient, le conducteur claquait du fouet, un domestique parut: « Madame peut venir! » et mon amie seulement alors comprit la chose. C'était l'itinéraire, après déjeûner, de se promener en voiture, et la calèche à la choute, c'était une calèche pour aller visiter la chute et les cascades, le plus joli site des environs.

Ah! cette même amie était bien amusante quand elle racontait ses impressions de voyage et principalement ses violentes émotions et ses démêlés avec la foudre, à l'hôtel du Righi. Elle y était arrivée un soir de grande chaleur. Vers le matin, l'orage éclate ; un orage dans la montagne, c'est tout ce qu'il y a de plus formidable au monde, les éclairs vous aveuglent et le tonnerre, aux rugissements sinistres, est partout sous vos pieds, sur votre tête...

Mon amie épouvantée, se lève et sort de sa chambre. Dans le vestibule, elle aperçoit, d'un côté un domestique, de l'autre une boule de feu qui, en passant effleure sa robe, une robe de soie, Dieu merci.

Qu'est-ce ? s'écria-t-elle affolée.

— Faites pas attention, Madame, répond le domestique imperturbable, c'est le tonnerre qui se promène et pour la rassurer il ajoute : Ça lui arrive souvent.

Mon amie ne déjeûna pas tranquille, et partit aussitôt. Au retour, elle eût des démêlés avec son cocher, mais ce n'était rien en comparaison de ceux du matin.

Il est certain que les cochers ici doivent faire de bonnes affaires, ils n'ont point à craindre une trop grande concurrence de la part des chemins de fer, qui ne peuvent gravir le flanc des montagnes ni courir sur leur front. Ils ne seront jamais réduits au rôle passif du Collignon mélancolique à propos duquel Scarron écrivait :

> Assis à l'ombre d'un rocher,
> J'aperçus l'ombre d'un cocher,
> Qui frottait l'ombre d'un carrosse,
> Avecque l'ombre d'une brosse.

Dans le beau livre de Victor Hugo, intitulé : *En voyage*, le grand poète raconte une amusante anecdote de son voyage aux Pyrénées. Voulant aller de Bayonne à Biarritz, il fut entouré par la cohue des cochers, qui lui proposèrent de lui faire faire cette excursion pour un prix des plus modiques. « Quinze sous ! » criait l'un, « Douze sous ! » criait l'autre. Enfin, on lui offrit pour trois sous (il y a cinquante ans de cela), une place dans une voiture neuve et fort bonne. En moins d'une demi-heure, on atteignait Biarritz.

« Arrivé là, dit Victor Hugo, et ne voulant pas abuser de ma position, je tirai quinze sous de ma bourse et je les donnai au cocher. J'allais m'éloigner, il me retint par le bras :

— Monsieur, me dit-il, ce n'est que trois sous.

— Bah ! repris-je, vous m'avez dit quinze sous d'abord, ce sera quinze sous.

— Non pas, monsieur, j'ai dit que je vous mènerais pour trois sous. C'est trois sous !

Il me rendit le surplus et me força presque de le recevoir.

— Et je me disais, en m'en allant, voilà un honnête homme !

Le poète se promena tout le jour sur la plage. Le soir venu, il songea à regagner Bayonne. Il était las et ne pensait pas sans quelque plaisir à l'excellente voiture du matin et au vertueux cocher qui l'avait amené. Il le rencontra.

— Je vous reconnais, lui dit-il, vous êtes un brave cocher, et je suis aise de vous revoir.

— Montez vite, Monsieur, lui répond l'homme.

Victor Hugo s'installe en hâte dans la calèche. Quand il est assis, le cocher, la main sur la clef de la portière, lui dit :

— Monsieur sait que l'heure est passée ?...

— Quelle heure ?

— Huit heures.

— C'est vrai, j'ai entendu sonner quelque chose comme cela.

— C'est que passé huit heures, le prix change.

— A merveille, combien est-ce ?

L'homme répond avec douceur :

— C'est douze francs.

Victor Hugo comprit sur le champ l'opération. Le matin, on annonce qu'on mènera les curieux à Biarritz pour trois sous par personne. Il y a foule. Le soir, on ramène cette foule à Bayonne pour douze francs par tête.

Le poète paya sans mot dire, tout en songeant

que l'on eût pu écrire sur la calèche : VOITURE
POUR BIARRITZ. — Prix : *par personne, pour aller:
trois sous ; pour revenir : douze francs,* mais
alors le nombre des voyageurs eût été moins grand
et le bénéfice des cochers aussi.

Très cher également les *edelveiss* que de jolies
petites filles bien costumées vous *offrent,* c'est une
manière de parler, car elle se paie un bon prix la
flore des hautes altitudes.

A Grindelwald, nuit sans sommeil.

Je n'ai pu dormir dans mon joli appartement,
car il y avait cette nuit là bal dans la maison,
pour les soldats Grindelwaldais revenus de la frontière, le bruit de la musique et les trépignements
de la danse arrivaient jusqu'à moi, mais mon insomnie n'avait rien de désagréable. Je me trouvais
en plein conte de fée, transportée dans un palais
enchanté, au milieu de merveilleuses montagnes.
L'orchestre villageois, quoique monotone, avait un
charme tout particulier.

Après cette nuit fantastique, nous nous sommes
fait transporter dans les glaciers où nous avons
visité la grande grotte ; les effets de lumière à
travers ces épais blocs de glace sont quelque
chose d'idéal ; nous y avons été assaillies par une
avalanche...... d'officiers français utilisant leurs
loisirs en excursions. En qualité de compatriotes,
la connaissance a été vite faite. Quoique le champagne soit le vin des toasts gais et des cœurs joyeux, ce
qui n'était pas le cas pour nous, il a fallu boire un

verre de champagne ; nulle part on ne le frappe mieux à la glace qu'ici, c'est du reste de Grindelwald que s'exporte la plus grande quantité de glace, de qualité absolument supérieure, elle sort pure, transparente des glaciers immaculés.

Nous sommes revenus ensemble à Interlaken, où nous eussions dîné gaîment en tout autre temps, mais la pensée de nos défaites et de la Patrie en deuil jetait une ombre douloureuse sur les cœurs et les esprits. Georgette surtout a trouvé cette rencontre charmante, elle a été comblée de gâteries.

Je n'ai pas voulu quitter *Bœleli*, le nom primitif d'Interlaken, et qui veut dire : « lieu délectable, » sans en emporter un souvenir. J'ai visité les bazars et acheté une nature morte, artistement fouillée, et venant directement du village de Brienz, le chef-lieu des bois sculptés.

Adieu ! Interlaken, Adieu ! superbe et poétique nature, en vous saluant une dernière fois les vers d'Alex Guiraud me reviennent à la mémoire :

« Avec leurs grands sommets, leurs glaces éternelles,
Par le soleil couchant que les Alpes sont belles !
Tout dans leurs frais vallons sert à nous enchanter,
La verdure, les bois, les eaux, les fleurs nouvelles ;
Heureux qui, sur ces bords peut longtemps s'arrêter,
Heureux qui les revoit, s'il a dû les quitter ! »

Nous avons traversé de nouveau le lac de Thoune. Sur le bateau se trouvaient des francs-tireurs bretons, l'aide-de-camp du commandant

Domalain et son lieutenant, patriote un peu trop enthousiaste, qui s'est pris de querelle avec un docteur allemand, à l'air bien inoffensif ; il a fallu les séparer pour empêcher le Breton de jeter le Prussien à l'eau. Nous sommes montés dans le même wagon pour revenir à Berne, et tout en admirant la crête de la Jung-Frau, dorée par les rayons du soleil couchant, nous avons causé avec bonheur de la Bretagne, où ces messieurs vont rejoindre le corps de Charette.

Georgette, désirant vivement revoir ses bons amis les ours, nous nous sommes arrêtées un jour franc à Berne. J'ai eu la chance d'assister à deux spectacles très différents, mais très intéressants, et que nous n'avions pas eu l'occasion de voir avec M. Fiwaz ; le défilé d'un cortège et un coucher de soleil. Quand le jeu des rayons lumineux et des ombres dessine *la croix fédérale* contre la cime de la *Jung-Frau*, et que les sommets neigeux resplendissent des feux empourprés de ce phénomène connu sous le nom de *Alpenglühen*, on peut dire qu'on a assisté à un spectacle unique au monde.

Georgette et moi aussi, je l'avoue, nous avons regardé les yeux grands ouverts et jusqu'au dernier personnage, le défilé du cortège, tout imprégné de couleur locale. En tête marchait un ours (un homme revêtu d'une peau d'ours), il paraît qu'il en est ainsi en maintes circonstances, et comme Berne est le centre de la vie politique, que c'est là qu'habitent les représentants des autres puissances, il y a souvent des cérémonies et l'on y voit toujours figurer l'ours traditionnel. Du reste, sans parler des ours vivant dans leur fosse, on retrouve leur image partout ; en bronze aux pieds des statues, en pierre au bas des monuments, et enfin en bois, en métal, en plâtre, en chocolat, en sucre, dans tous les magasins de la ville.

Les prétentions de Georgette ne se sont pas élevées jusqu'à l'airain, elle s'est contentée d'un ours en chocolat, dont la durée a été... fort éphémère.

L'après-midi nous avons visité la *Grande Cave* et le *Musée historique*, que nous n'avions pas eu le temps de voir à notre premier séjour.

La *Grande Cave* renferme les célèbres fûts qui pourraient contenir ensemble neuf mille hectolitres, d'où l'ancien dicton : « Si Venise règne sur les eaux, Berne règne sur le vin. » Tel était la prévoyance du gouvernement à cette époque, qu'il ne voulait pas que le peuple manquât non-seulement de pain mais encore de vin.

Le *Musée Historique* est très remarquable par la beauté, la richesse et le nombre des objets qui le composent : sculptures, tapisseries, trophées d'armes, etc.

En sortant du Musée nous est apparue la rue des Chaudronniers, une vieille rue du plus pur style moyen-âge, un rêve du passé prenant forme soudain. Un instant je me suis crue transportée à trois ou quatre siècles en arrière. Cette rue était très animée à cause du marché, ce qui complétait son aspect si pittoresque et si particulier. Avant de prendre le train, nous avons voulu prier une dernière fois à *l'église Française*. Elle date de 1265, et appartenait autrefois aux dominicains ; son architecture n'a rien de remarquable, mais ce qui l'est davantage, c'est qu'elle sert tout à la fois aux protestants français et aux catholiques romains.

CHAPITRE V

Lucerne, Zurich, Soleure, l'abbaye de d'Einsiedeln, une famille de paysans dans la vallée de Schwitz schaffhouse Bâle, adieux à la Suisse.

Lucerne est une très jolie ville, aux rues larges et droites, située au bord du lac des Quatre-Cantons, le plus beau de la Suisse. A proprement parler, ce lac des Quatre-Cantons, divisé par deux rétrécissements, forme trois lacs : lac d'Uri, de Bouchs et de Lucerne. Ses bords sont entourés de rochers à pic, d'un effet saisissant. Comme l'Océan, il connaît les caprices de la vague et les émeutes de la tempête ; comme l'Océan, il ne gèle jamais dans toute son étendue.

Les habitants de Lucerne, ville catholique de vingt mille âmes, passent pour avoir l'esprit vif, le caractère gai et le goût du plaisir. Les femmes se distinguent en général par la finesse de leurs traits et l'élégance de leur tournure.

Cette ville, qui fut un instant capitale de toute l'Helvétie, est fière de son nom Lucerna *la ville qui resplendit au loin*, les uns disent qu'elle doit son nom à un énorme fanal (Lucerna) élevé jadis sur son emplacement pour guider les voyageurs, les autres, à un miracle de Saint Nicolas, je préfère cette dernière hypothèse et je m'en tiens au miracle.

Dans les légendes, c'est un peu comme dans les contes de fées les choses se passaient autrefois. Il y a bien longtemps, une chapelle s'élevait sur les bords de la rivière de Reuss, à sa sortie du lac. Cette chapelle était dédiée à Saint Nicolas, qui est non seulement le patron des célibataires, mais aussi celui des bateliers. La légende raconte donc que lorsque des bateliers étaient surpris sur le lac par l'orage et se trouvaient en danger de périr, une lueur visible de très loin apparaissant au-dessus de la chapelle, leur indiquait la route du port.

Cet endroit fut bientôt réputé comme un lieu sacré, et devint non seulement un but de pèlerinage pour les mariniers, mais aussi pour les voyageurs qui devaient affronter le passage effrayant des montagnes.

Le quai, corso de Lucerne, offre un splendide panorama, celui du lac et des Alpes ! Nous y sommes allées par un temps admirable, il y avait un monde énorme. Cette foule m'a fait penser à la tour de Babel. Sous l'ombrage de grands marronniers, j'ai trouvé ici, comme dans la vallée de Sennaar, la confusion des langues, et même celle des costumes. C'était un spectacle amusant que celui de centaines de promeneurs, de nationalités différentes, parlant la langue de leur pays, et vêtus de robes et d'habits qui faisaient honneur aux excentricités de la mode, bigarrures de nuances, chamarrures d'ornements, vêtements fantaisistes, coiffures ébouriffantes, rien ne manquait à l'ensemble de cette arlequinade de formes et de couleurs, quoiqu'à vrai dire, plusieurs de ces toilettes prises séparément ne manquassent ni de chic ni d'élégance locale.

De confortables bateaux à vapeur, de charmantes barques à voiles et à rames sillonnent le port ; tout au fond, derrière les rives verdoyantes parsemées de villas, se dressent fièrement, rangées en gigantesque demi-cercle, les cimes et les croupes innombrables des montagnes. Si l'on veut apprendre le nom de tous ces colosses, depuis le Pilate à droite, jusqu'au Righi à gauche, une table en granit placée sur un petit promontoire au milieu du quai en donne gravé sur la pierre la liste complète.

Le musée Stauffer avec ses groupes caractérisques d'animaux des Alpes empaillés, a beaucoup amusé Georgette, ainsi que le Diorama où des vues circulaires du Righi et du Pilate très bien peintes et éclairées par des effets variés vous donnent l'illusion parfaite de la nature même.

Le Pilate est l'un des monts les plus célèbres des Alpes, son aspect sévère, ses sommets déchiquetés et hantés par les légendes inspirent une certaine frayeur. Dame ! c'est là que le gouverneur Pilate vint chercher la mort dans les eaux d'un petit lac qui se trouve à sa dernière altitude. Les fantaisies de l'imagination sont sans limites, certes, je ne m'attendais pas à trouver Ponce-Pilate en Suisse. Quant à son homonyme, il fait la pluie et le beau temps au point de vue atmosphérique. Le mont Pilate est un baromètre facile à consulter à la portée de tout le monde et qui se voit de loin.

> Si le Pilate est coiffé d'un chapeau
> Le temps restera beau,
> Et, s'il s'est mis un collet de brouillard,
> C'est le jeu du hasard ;
> Mais s'il est ceint de son épée
> Bientôt crèvera la nuée.

Admirable le Lion de Lucerne, admirable ce monument consacré à la mémoire des huit cents officiers et soldats suisses au service du roi Louis XVI, tombés en le défendant le 10 août 1792.

« Au bord d'un étang ombragé de pins et d'érables dont les eaux tranquilles réfléchissent cet immortel chef-d'œuvre, se dresse un rocher dans lequel une grotte a été pratiquée à une certaine hauteur. Couché en travers de cette grotte, mourant de la mort des héros, un lion gigantesque, le flanc percé d'un fer de lance brisée protège encore de sa patte droite l'écusson fleurdelisé de la Maison de France, et témoigne ainsi de sa fidélité au devoir jusque dans la mort. Une inscription gravée dans le rocher au-dessus du lion porte ces mots : *Helvetiorum fidei ac virtuti. A la fidélité et à la bravoure des Suisses*. Sur une autre inscription placée au-dessous du lion se lisent les noms des héroïques victimes. Des bosquets touffus entourent l'emplacement et donnent à cet ensemble le caractère sévère qui convient. (1)

Près du rocher s'élève une petite chapelle mortuaire avec l'inscription *Invictis pax. Paix à ceux qui n'ont pas été vaincus*.

Des trophées d'armes et de drapeaux des gardes suisses en décorent l'intérieur, le dix août de chaque année on y célèbre une messe des morts.

Les flâneries en ville sont pleines d'attrait. Le passé et le présent s'y coudoient continuellement. Là c'est le passé : vieilles maisons d'un style très ancien, vieilles halles, vieilles tours ; ici, c'est le présent, c'est la Lucerne moderne avec ses splendides hôtels, et le contraste de cette physionomie

---

(1) Cet admirable monument fut érigé en 1821. Le dessin est du grand maître Thorwaldsen, la sculpture de l'artiste Lucas Ahorn de Constance.

changeante offre à l'étranger qui passe un véritable intérêt.

La plus ancienne et la plus belle église de Lucerne est l'église de St-Léodegard, fondée selon la tradition par Wickard duc de Souabe en 695, détruite par un incendie, elle fut reconstruite en 1634 sous sa forme actuelle. Les sculptures extérieures du portail et de la tour sont superbes. On admire à l'intérieur les grilles en fer forgé du maître-autel et du baptistère, les stalles du chœur en bois sculpté, les vitraux anciens, les autels richements dorés, et enfin le beau tableau, un christ au jardin des Oliviers, de Lanfranc, élève de Guido Rèni, et une très belle sculpture en bois représentant la mort de la Vierge.

Maintenant, ce qu'il y a de plus remarquable, ce sont les orgues qui comptent parmi les plus considérables et les meilleures, non seulement de Suisse, mais de toute l'Europe, on y a travaillé plusieurs années. Ces orgues possèdent quatre mille cent trente-et-un tuyaux, j'ai eu la bonne fortune de les entendre. Outre le registre de la *vox humana* merveilleusement réussi, elles possèdent une *vox angelica* dont les ondulations dirigées par une ouverture percée dans la voûte redescendent en modulations d'une harmonie toute céleste. Je suis revenue ravie des effets puissants et du charme pénétrant de ces orgues célèbres. L'église est entourée d'un cimetière rempli de monuments, je ne trouve rien de plus triste que la visite de ces champs du repos, il m'a cependant fallu traverser celui-ci, ses longues arcades lui donnent absolument l'air d'un *campo santo* italien. Je ne voudrais pas être obligée de décrire toutes les promenades qui entourent Lucerne, il faudrait des volumes...

Le lac pittoresque d'Uri consacre le souvenir de Guillaume Tell, ses bords ont été témoins des évènements qui en ont fait le héros populaire de l'Helvétie. Dans le canton d'Uri, nous avons foulé l'herbe de la célèbre prairie de Grütli où les fondateurs de la liberté helvétique prêtèrent serment en 1307.

N'est-ce pas en évoquant ce souvenir que le poète zurichois Keller disait : « Laissez briller la plus belle étoile sur mon pays, sur ma patrie. »

Il est bon de rappeler en passant que les quatre cantons qui ont fait la Suisse sont restés profondément catholiques.

Tout le parcours du chemin de fer de Berne jusqu'à Lucerne, Zurich et Schaffhouse est extrêmement riche et plantureux : coteaux fertiles, lacs transparents, bois séculaires, prairies veloutées, chalets découpés en dentelle.

Séjour à Zurich, ville intéressante à visiter et à étudier.

La cathédrale le *Munster* est fort belle, l'Hôtel-de-ville, les collèges, les hôpitaux, le casino sont eussi de beaux édifices, on fait remarquer aux étrangers le monument de Gessner et le tombeau de Lavater.

Zurich est une ville commerçante et... studieuse, on l'a surnommée l'Athènes de la Suisse, réputation qu'elle soutient dignement.

Cette jolie ville moderne, où l'on fabrique de si riches étoffes de soie et de mousseline, est également située au bord du lac qui lui a donné son nom ; d'ailleurs, quelle est la ville de Suisse qui n'a pas son petit ou son grand lac et sa légende?

Zurich a l'un et l'autre, un beau lac et une singulière légende, dont Charlemagne est le héros. La voici : On commence par vous montrer la maison où logeait Charlemagne, le grand empereur, alors qu'en l'an 800 il fondait les premières écoles Zurichoises ; cette maison, située tout près de la cathédrale dans la rue des Romains, est connue de temps immémorial sous le nom de la maison « dans le trou, » *in loch*, par ce qu'il faut pour y arriver descendre d'un côté de hauts escalers, de l'autre un chemin fort rapide ; elle a été tant de fois restaurée depuis, qu'il ne doit rien rester de la maison primitive, de réparation en réparation, elle a perdu tout ce qu'elle avait de remarquable, à l'exception d'une porte et de deux fenêtres d'architecture romane. Mais enfin elle reste parée des souvenirs du passé, et c'est déjà beaucoup.

Charlemagne avait donc fait élever, en plus de

ces écoles, sur l'emplacement actuel de la Wasserkirch, une chapelle munie d'une cloche que pouvait sonner, à certaines heures, quiconque réclamait un jugement de l'empereur ou voulait implorer son appui.

« Un jour la cloche sonne, mais le gardien ne voit aucun sonneur, il n'aperçoit âme qui vive dans la chapelle, ou à ses abords, la cloche réitère néanmoins ses appels, et le bon empereur, ne pouvant obtenir une réponse qui le satisfasse lorsqu'il demande à ses serviteurs qui agite la cloche, prend le parti d'aller voir en personne ce qui se passe. Il arrive avec l'impératrice et voit que c'est un serpent qui tire la corde, il approche et l'animal le conduit quelques pas plus loin à son nid. Un énorme crapaud s'était établi sur les œufs du reptile et l'empêchait de regagner son domicile.

« Charlemagne, monté sur son siège de justice, donne l'ordre de chasser le crapaud et le serpent reprend sa place et ses droits. A quelque temps de là, les serviteurs de l'empereur viennent lui dire tout effarés qu'un serpent monte les degrés qui donnent accès dans la maison. Charlemagne défend qu'on fasse aucun mal à cet étrange visiteur, qui bientôt fait son entrée dan la salle où la cour était à table.

« L'animal se dirige droit au hanap impérial, fait comprendre qu'il doit en soulever le couvercle puis, son désir satisfait, dépose dans la coupe une pierre précieuse qu'il tenait dans sa bouche et disparait ; jamais on ne le revit.

« Charlemagne, touché de ce cadeau, témoignage de la reconnaissance du serpent pour ses bons offices, fait monter la pierre en bague. On s'aperçoit alors qu'elle avait une puissance magique et qu'elle attachait indissolublement le cœur de l'empereur à la personne ou à l'objet qu'elle touchait. L'impératrice désirant comme toute bonne épouse être aimée seule de son mari, se fit donner la bague. A ses derniers instants, elle eût le soin de dissimuler ce talisman sacré dans sa bouche, et après sa mort, l'empereur lui resta tellement attaché que pendant longtemps il ne permit pas qu'elle fût inhumée, ne pouvant supporter l'idée d'être séparé d'elle.

« Un jeune étudiant en médecine, de Zurich ayant été consulté par un chevalier de la suite de l'empereur, finit par découvrir l'artifice auquel avait eu recours l'impératrice. Le chevalier s'empara de la bague et bientôt l'empereur renonça à garder le corps de sa défunte épouse, mais alors son affection excessive se reporta tout entière sur le chevalier détenteur de l'anneau. Au bout de quelque temps celui-ci, fatigué de l'attention que le public accordait à la moindre des actions du favori de l'empereur, jeta l'anneau dans un terrain marécageux. On était loin de Zurich alors, mais cela suffit pour que l'empereur se sentît attiré vers cet endroit.

Il y construisit une église qu'il dota richement, éprouvant toujours une attraction invincible pour ce monument, lui qui avait fait construire tant d'autres églises, il voulut y être inhumé. C'est ainsi que fut fondé Aix-la-Chapelle. Telle est la légende que racontent les vieilles chroniques et que respectent encore aujourd'hui les bons habitants de la ville. »

L'épisode du serpent sonnant la cloche est rappelé par un bas-relief que l'on admire aux angles de la maison qui se trouve au-dessous de la cathédrale. (Münsterhaus).

Aimez-vous les légendes? Allez en Suisse et en Allemagne, de l'autre côté des Alpes et du Rhin on en a mis partout. Ainsi la création de Soleure remonte à Abraham. On retrouve donc en cette belle Helvétie, Jésus-Christ, Pilate, Abraham et un bon serpent ; moi qui avais toujours pensé qu'il n'y avait que de mauvais serpents, à commencer par celui du Paradis terrestre, quelle erreur !

Soleure possède la plus belle église de Suisse, et passe pour être avec Trèves la ville la plus ancienne.

In celtis, nihil est Solodoro antiquius, unis exceptis Treveris, dit une inscription gravée sur la tour burgonde qui y commande la place du marché.

Aussi, un Soleurois malin, l'artiste Schwaller, avait-il imaginé de peindre une vue de la cité, où il montrait sur les remparts, Dieu le Père, occupé à la création d'Adam et d'Eve! en bas, les bourgeois contemplant curieusement le Père Eternel et le premier homme.

C'est hier qu'a eu lieu à Zurich, entre les résidents allemands et nos français internés, une bagarre qui a mis toute la ville en émoi. Le sang a coulé de part et d'autre. C'est le sujet de toutes les conversations ; les sentiments à cet égard me paraissent très partagés, et il m'est impossible de savoir de quel côté sont les plus grands torts, en tous cas, nos vainqueurs ne se sont pas montrés généreux.

Nous avons fait un pieux pèlerinage à l'abbaye d'Einsiedeln, non loin de Zurich, cent cinquante mille pèlerins la visitent chaque année.

Elle appartient aux Bénédictins. Le monastère entouré de pics et de montagnes apparaît dans un cadre majestueux, digne de lui.

A ses pieds s'agite un torrent tumultueux. Les religieux bénédictins, dont on connaît la science et la vertu ont ici un séminaire et un collège renommés. Leur magnifique bibliothèque renferme de précieux manuscrits, leurs archives ont une grande valeur.

L'église moderne est au centre de la façade du monument actuel, qui forme un vaste carré ; elle fut détruite par un incendie, en 1798, et reconstruite sur les plans anciens.

La nef principale enveloppe la Sainte-Chapelle, où se trouve la Vierge miraculeuse.

Cette chapelle est en marbre noir. Sur l'autel,

on aperçoit à travers une grille la statue en bois noir de la Vierge tenant l'enfant Jésus. Tous deux sont revêtus de splendides vêtements, et portent des couronnes d'or ornées de pierreries. Quelques écrivains disent que cette vierge fut volée par les Français, ainsi que le trésor du couvent en 1798. Les religieux assurent au contraire qu'ils sauvèrent la vierge du pillage, qu'elle fut cachée dans le Tyrol, d'où les bons pères la rapportèrent en 1803.

L'intérieur est orné de plusieurs objets d'art. Au-dessus du maître-autel, voici un splendide tableau représentant l'Assomption de la Vierge.

J'admire dans la nef latérale un superbe crucifix et sur le marbre du chœur une Cène en bronze qu'on me dit coulée d'un seul jet par Pozzi.

L'aspect général d'Einsiedeln rappelle Notre-Dame-de-Lorette.

Entre les deux tours, on compte onze cloches : une pèse cent vingt quintaux. Lorsqu'elles chantent ensemble, leur voix grandiose est comme le prélude des célestes harmonies et des chants magnifiques qui attendent le pèlerin aux offices. L'âme écoute frémissante ces concerts du ciel, et comme on prie ensuite avec ferveur, les uns debout tout haut, les bras en croix, les autres prosternés, s'absorbant dans une muette contemplation qui tient de l'extase. Des centaines de bougies s'allument de tous côtés, image de l'ardeur des prières et des vœux.

Entre le bourg et le couvent, sur une vaste place, se trouve une fontaine en marbre noir.

Pour que le pèlerinage soit complet, il faut boire à cette fontaine, parce que la tradition rapporte que Notre Seigneur Jésus-Christ s'y désaltéra. Or, quatorze filets d'eau y jaillissent à la fois, et la tradition ne disant pas auquel bu Notre-Seigneur, les pèlerins consciencieux boivent aux quatorze petites sources pour être bien sûrs de ne pas se tromper.

Au-dessus des arcades se dressent les statues d'Othon 1ᵉʳ et d'Henry 1ᵉʳ, protecteurs du monastère.

« Quelle admirable légende que celle de saint Meinrad ! Après avoir été la gloire du couvent de Reichenau, il chercha la perfection dans la vie solitaire de ce désert situé à deux mille neuf cent quatre-vingt-dix pieds au-dessus du niveau de la mer.

« Ce noble Germain vivait au neuvième siècle ; il périt sous le fer de deux misérables, qui s'enfuirent à Zurich, poursuivis par les corbeaux familiers du cénobite ; leurs clameurs les désignèrent à la justice, et les firent arrêter.

« Ce miracle et les hautes vertus du saint martyr sanctifièrent le désert d'Einsiedeln ; la vénération des peuples s'y attacha.

« Ainsi fut fondé le sanctuaire de Notre-Dame-des-Ermites. Une pieuse et universelle croyance ajoute que le ciel présida à la consécration du sanctuaire ; le Christ lui-même, la Vierge et les anges bénirent le lieu merveilleux. On entendit les harmonies célestes, et dès lors ce fut une tradition sacrée. »

A peu de distance du bourg, sur l'emplacement de la première cellule de saint Meinrad, la vue s'étend sur le lac de Zurich, dont les perspectives, d'abord riantes, se transforment, s'accentuent, et les glaciers éternels apparaissent dans leurs beautés dramatiques. »

Que de légendes religieuses, que de légendes naïves ont pris leur essor de ce lieu privilégié !

En voici une bien triste et qui reste à l'état de tradition consacrée dans une des familles les plus distinguées de la Suisse allemande.

« A la fin du siècle dernier, le comte et la comtesse de R... avaient leurs deux fils dans la garde suisse à Paris. Les nuages s'épaississaient, la tempête révolutionnaire grondait. Les échos, de plus en plus lugubres, n'arrivaient qu'à demi dans ce canton lointain, aucunes nouvelles précises n'étaient venues confirmer les anxiétés des parents. Le 10 août 1792, la mère éplorée vint confier sa peine à Notre-Dame-des-Ermites ; elle priait devant l'autel, plus inquiète que de coutume, lorsqu'elle vit tout à coup ses deux fils, en uniforme, franchir sans bruit la porte du sanctuaire, une épée flamboyante à la main.

« La vision s'effaça à peine entrevue, ne laissant

à sa place qu'une ombre lumineuse qui s'éteignit à son tour.

Peu de temps après, le comte de R... apprenait que, ce même jour, à cette même heure, ses deux fils, victimes du devoir et de l'honneur, avaient été massacrés en défendant Louis XVI.

Quelques parties de la Suisse, comme la belle et riante vallée de Schwitz nous présentent, en plein dix-neuvième siècle, des familles quasi primitives, ayant échappé jusqu'ici au progrès d'une civilisation vraiment effrénée par certains côtés. Ce n'est pas sans une très douce émotion que j'ai pénétré dans la pittoresque demeure d'une vieille famille de paysans, demeure qui a gardé le type bien connus des chalets suisses.

« Soubassements en maçonnerie, étages supérieurs en madriers de sapin, escaliers et balcons en bois découpé, le tout coiffé d'une large toiture qui surplombe d'un à deux mètres sur la façade du bâtiment. » Cette construction rustique est aussi souriante qu'originale, avec l'ombrage de ses grands arbres, les verdures reposantes de ses tapis d'herbes et le cristal limpide de sa fontaine qui se termine en ruisseau.

La famille au complet, lorsque je suis entrée, se groupait autour du père, le chef vénéré. L'intérieur m'a paru fort simple mais d'une grande propreté, la propreté c'est la coqueterie des maisons simples et modestes, cependant le plafond et les lambris sont en bois artistement sculpté, l'autre luxe de cette salle, c'est le poêle de faïence brillante, aux formes rectangulaires et monumentales, sur l'un de ses carreaux de faïence, je lis inscrutée dans son émail cette belle sentence.

« Mit Gott fang an,

« Mit Gott hor auf,

« Das ist der schonste Lebenstauf. »

Ce qui peut se traduire en français :

« Commencer avec Dieu, finir avec Dieu, voilà le meilleur emploi de la vie. »

Un vaisselier, une grande table au milieu, un beau crucifix entouré d'images pieuses, un bénitier fleuri d'un rameau de buis, suspendu près de la porte d'entrée composent le mobilier, quelques chaises de bois découpé entourent la table, mais on leur préfère le banc adossé à la muraille.

On ressent dans cet heureux intérieur une sensation de calme inexprimable.

Ah ! que je me sens loin du brouhaha des grandes villes et de la vie à outrance qu'on y mène. C'est dans ces intérieurs paisibles qu'il faut venir puiser les plus hauts enseignements de la pure morale et le sentiment qui est la force et le salut des nations. L'amour et le respect de la famille et de Dieu.

« Heureuses les vieilles races, sur lesquelles ne pèsent pas le poids des révolutions. »

Schaffhouse est une ancienne ville forte, située au bord du Rhin, sur l'extrême frontière Suisse.

Ma première pensée à Schaffhouse est pour la cascade de la Lauffen, la plus belle de l'Europe. — En y arrivant, mon imagination a d'abord été désappointée de ne pas voir les eaux tomber d'une plus grande hauteur ; elles descendent graduellement en nappes d'une immense largeur jusqu'à l'énorme rocher planté au milieu du fleuve contre lequel elles se précipitent l'une par dessus l'autre avec un fracas épouvantable. Malgré la déception du premier moment, mes yeux ne peuvent se détacher de ce spectacle étourdissant. Je reste là comme pétrifiée, regardant et écoutant, pendant que Georgette remplit ses poches de charmants petits cailloux qu'on trouve sur les bords du fleuve.

Pour compléter le tableau, je vois un train s'engouffrer dans le tunnel du château de la Lauffen, tout cela devient vertigineux !

J'ai visité à Schaffhouse l'énorme et vieille forteresse près de laquelle se trouve le cimetière. En sortant, nous avons entendu des détonations ; c'était les derniers honneurs que l'on rendait à l'un de nos pauvres soldats mort de la petite vérole à l'hôpital.

Départ pour Strasbourg par le chemin de fer badois qui nous laisse en route de bonne heure et nous couchons à Waldshut, charmante ville, assise sur les bords du Rhin. Aujourd'hui dimanche, par un temps splendide, nous reprenons le chemin de fer qui côtoie le Rhin jusqu'à Bâle, il n'y a pour moi qu'une ombre, une ombre bien noire, au splendide tableau qui se déroule devant nous. C'est la vue de toutes ces gares enguirlandées de tous ces drapeaux aux couleurs prussiennes et badoises flottant au vent. Les campagnards débordaient sur le parcours avec des airs de fête. C'était une griserie de chants patriotiques, à l'occasion de la paix signée, une orgie de victoire qui me jetait des bouffées de rouge au front et de rage au cœur.

Ah! comme tous ces chants résonnaient lugubrement à mes oreilles!

Voici du reste la traduction des hurlements militaires d'outre-Rhin, qui se vocifèrent en ce moment dans toute l'Allemagne.

REFRAIN

Les hussards chantent, la poudre gronde,
Suivons tous nos généraux qui, pour nous,
Ont déjà gagné mainte bataille.

Frères, si nous n'avons pas un sou entrons en France, nous trouverons de l'argent là-bas.

Frères, si nous n'avons pas de souliers, allons en France pieds nus ; là-bas on trouve à se vêtir et à se chausser.

Frères, si nous n'avons pas de vin à boire, il y en a en France, allons là-bas, nous défoncerons les tonneaux et viderons les bouteilles.

Frères, ne craignez pas de tirer et de frapper

toujours en avant, toujours contre la France et les Français !

J'entendais ces chants avec une intensité de douleur que je ne puis rendre, j'avais les yeux pleins de larmes, et je suffoquais en pensant à ce qui se passait sur l'autre rive du Rhin. Quel contraste !

Bâle, malgré ses monuments, son église du Munster, ses remparts imposants me semble une belle, grande, mais triste ville.

Elle est cependant le grand entrepôt du commerce, entre la *Suisse, la France et l'Allemagne.*

Jusqu'en 1833, Bâle a été la seule ville Suisse qui ait eu une université, elle avait été fondée dès 1459.

C'est vers la même époque que Bâle vit le fameux concile qui menaça de tourner en chisme sous le pape Eugène IV.

Plusieurs traités célèbres y ont été signés.

Erasme y mourut.

Le Musée renferme des toiles remarquables. Les chefs-d'œuvre de Hans Holbein m'ont vivement frappée, son christ particulièrement. C'est une admirable conception. L'âme se sent toute en pleurs, devant cette indicible figure, qui semble résumer toutes les douleurs. L'œil ouvert qui ne regarde plus, conserve le suprême et dernier éclat des visions funèbres. La blessure du côté est béante et profonde.

Oh ! oui, dans ce corps tourmenté, cette tête

sanglante, le peintre s'est inspiré des réalités de la mort. C'est d'une vérité absolue, effrayante. Il manque seulement un peu d'idéal si l'on songe que ce n'est pas seulement un homme, mais Dieu même qui vient de mourir-là !

C'est à Bâle que nous faisons nos adieux à la Suisse.

Adieu, belle Helvétie, adieu pays grandiose aux aspects saisissants et variés, adieu montagnes vêtues de forêts et couronnées de glaciers, rochers découpés en figures fantasques, cascades et torrents dont les eaux se fondent en écume de neige, se brisent en flèche d'argent, s'étalent en nappe de cristal.

Adieu et je répète avec le poète : *Tout dans ce beau tableau sert à nous enchanter!* J'ai presqu'envie d'ajouter que la seule ombre à ce merveilleux tableau c'est l'homme qu'ici la grandeur de la nature semble écraser.

Oui adieu, Suisse hospitalière, Suisse généreuse, ce n'est pas sans émotion que je te quitte, terre bénie, qui t'es montrée si compatissante à nos pauvres soldats.

C'est à Verrières dans une maisonnette que fut signée, entre le général Suisse Herzog et le général Clinchamp, le dernier général de l'armée de l'Est (oubliée par nos gouvernants lors de l'armistice) la Convention qui arrachait quatre-vingt-cinq mille Français aux mains de l'ennemi.

L'armée de l'Est après avoir repoussé les Allemands à Villersexel, venait de perdre la bataille d'Héricourt. Elle fuyait... et je l'ai encore et je l'aurai toujours présente à l'esprit cette déroute épouvantable, où l'on voyait des cavaliers sans chevaux, des fantassins sans armes, des piétons sans souliers les pieds gelés, ulcérés, marchant par 16 degrés au-dessous de zéro avec de la neige jusqu'aux genoux. Oui, je la reverrai toujours cette armée en guenille, mourant de privations et de froid ; combien, combien de ces malheureux ont succombé. Les Prussiens et les corbeaux étaient à leurs trousses, les uns pour les achever et les autres... pour les dévorer. Devant cet encombrement formidable, la Suisse qui n'y était point préparée s'élevant soudain à la hauteur de cette lourde tâche a montré le plus admirable dévouement.

Les généraux ont choisi leur résidence, plus de deux mille officiers, en chiffres exacts deux mille cent dix officiers se sont fixés dans six grandes villes ; les soldats ont été repartis dans cent soixante-quinze dépôts, et soumis au code militaire du pays, traités comme milice suisse, c'est-à-dire logés, nourris et payés à raison de vingt-trois centimes par jour et par homme.

Un jour cent cinquante mille lettres sont tombées tout à coup venant de Mâcon. Quel travail pour remettre à chacun celles qui lui sont adressées. Mais les bons Suisses sont patients et l'on débrouille ce formidable courrier. Songe-t-on, disait un Suisse, à tout ce que peut contenir une lettre, cette feuille légère : parfois le cœur tout entier, parfois un pieux souvenir qui rend la vie ; un secours urgent attendu avec angoisse et toujours au moins des nouvelles de la famille, des consolations, une bouffée de l'air du pays natal, une preuve qu'on n'est plus seul.

Il est juste aussi de reconnaître que, pendant leur séjour de trois mois, nos soldats se sont montrés doux, honnêtes, reconnaissants.

Le conseil fédéral a adressé au général Clinchant une lettre, « pour rendre hommage à la bonne conduite, qui n'a cessé de régner parmi les officiers et les soldats de l'armée de l'Est, pendant son internement en Suisse, ce qui a largement facilité la tâche du gouvernement fédéral et des gouvernements cantonaux. »

Ce fut une fièvre de dévouement, un délire de sacrifice pour notre malheureuse armée. La Suisse avait besoin d'argent pour nourrir les internés et les troupes qui les gardaient ; tous les Suisses, à l'étranger, ouvrent aussitôt leurs bourses et écrivent qu'ils sont prêts à revenir si on a besoin d'eux. La Suisse demande quinze millions, on lui en souscrit plus de cent (cent six millions cent vingt-six mille cinq cents francs) ; tous nos soldats valides, on les habille chaudement, on les nourrit abondamment, les malades reçoivent jour et nuit les soins les plus délicats et pour ceux qu'on ne peut guérir, on adoucit leurs derniers jours.

Oui, la Suisse, en ces cruelles circonstances s'élevant jusqu'à l'héroïsme a mérité de l'humanité entière. Honneur et merci à toi, noble terre, c'est ma dernière parole en te disant adieu! (1)

---

(1) Depuis cette année terrible, le richissime M. Osiris a fait don à la ville de Lausanne de la statue de Guillaume Tell, d'une valeur de cent mille francs, œuvre du sculpteur Antonin Mercié, en souvenir de l'accueil hospitalier fait par la Suisse à l'armée de Bourbaki, en 1871.

« Cette noble figure de Guillaume Tell sera pour les siècles futurs une belle preuve que la France se souvient et qu'elle a voulu le prouver en gravant dans le marbre sa reconnaissance. »

Un autre monument rappelle encore la généreuse intervention des Bâlois et des Zurichois lors du siège de Strasbourg, ce monument est de Bartholdi.

Il a pour inscription « La Suisse secourant les douleurs de Strasbourg. »

Il représente la ville de Strasbourg blessée au cœur, tenant par la main un enfant en guenilles, que la Suisse protège en le couvrant de son bouclier.

CHAPITRE VI

Kehl, Strasbourg, douloureuse histoire, Bade et ses environs, Fribourg-en-Brisgau, Heidelberg, la Forêt-Noire.

Après quarante-huit heures de séjour à Bâle, nous montons en wagon avec deux Russes qui vont comme nous à Strasbourg. — Nous voyageons aussi avec des officiers prussiens que nous perdons pour en reprendre d'autres à chaque station.

Le soir, très tard, nous entrons à Kehl, impossible d'aller plus loin. Nous sommes régalées dans notre hôtel du bruit d'un banquet à l'occasion de la paix. Hélas ! c'est partout le chant de gloire des vainqueurs. Le lendemain, j'ai visité Kehl presqu'entièrement détruit par le canon de Strasbourg : la gare n'existe plus. C'est une arrivée continuelle de troupes allemandes débarquant au chant de l'hymne national, avec des bouquets au canon de leurs fusils. Ces chants allemands sont assez beaux et graves, mais ils tintent à mon oreille comme un glas. Départ pour Strasbourg ; le pont de Kehl n'est encore réinstallé que provisoirement.

Nous allons tout doucement ; on distingue parfaitement d'ici Strasbourg et ses ruines. Nous y arrivons au bout d'une demi-heure : les Prussiens travaillent à réparer les portes de la ville. Il y a à la gare un encombrement de troupes impossible à décrire. Je ne sais comment réussir à avoir mes bagages. Cependant les employés, grands et petits, sont polis à l'égard de tout ce qui parle français. Je pense qu'il est dans leur nouvelle tactique de se rendre aimables.

Enfin j'ai mes bagages, sans trop d'ennuis, et je me dirige vers la place Kléber dont la statue n'a pas été endommagée ; mais l'hôtel de l'état-major qui tient tout un des côtés de la place est complètement détruit, le cours de Broglie, le théâtre et la bibliothèque sont dans le même état. Quant à la cathédrale, les Prussiens y ont déjà fait quelques réparations, mais les magnifiques vitraux sont tous brisés, et ce seul dommage est évalué à un demi-million. Nous avons voulu faire l'ascension de la tour : Georgette était la plus intrépide, mais arrivée à une hauteur de quatre cents pieds, j'ai refusé d'aller plus loin, me sentant prise de vertige. La vue était cependant bien belle : même d'où nous étions, nous apercevions les Vosges et le Rhin, brillant au soleil comme un large ruban d'argent. Mais la merveille des merveilles est la magnifique horloge, qui date du quatorzième siècle, où nous avons vu sonner trois heures. Le coq a déployé ses ailes, la mort est apparue avec sa faux, puis trois apôtres ont salué Notre-Seigneur en passant devant lui, et sont allés frapper leur coup sur le timbre. Une visite très intéressante aussi a été celle du Temple protestant St-Thomas, qui renferme le tombeau du maréchal de Saxe par Sigalle, puis deux momies d'un seigneur allemand et de sa jeune fille en costume de fiancée.

Pauvre Strasbourg, combien faudra-t-il d'années pour cicatriser tes plaies et relever tes ruines ?

Pendant que tu saignes encore, la nature a repris ses airs de fête. Les cigognes, oiseaux sacrés du Rhin, insoucieuses de la guerre et des révolutions bâtissent leur nid. La terre a revêtu ses parures de fleurs et les arbres leurs verdoyants feuillages.

Les Strasbourgeois qui aimaient la France, comme des fils aiment leur mère, font mal à voir, les femmes particulièrement ont un air d'abattement qui vous va droit au cœur. On vient de me raconter une histoire qui prouve leur patriotisme. Dans la maison qui touche l'hôtel où nous sommes descendues, habite une dame veuve, que le hasard nous faisait suivre ce matin en revenant de la messe. Avant-hier, cette dame logeait chez elle trois officiers prussiens qui se plaignaient de ne pas être admis dans son salon. Hier au soir, ils reçoivent une invitation. Ils arrivent à huit heures.

Le salon était obscur ; à la lueur de la lampe unique qui l'éclairait, ils entrevoient plusieurs femmes vêtues de noir et assises au fond de la pièce.

La maîtresse de la maison les voyant entrer va à eux, les amène à la première de ces dames, et la leur présentant :

« Ma fille, dit-elle ; son mari a été tué pendant le siège. »

Les trois Prussiens pâlissent. Leur hôtesse les amène à la seconde dame.

« Ma sœur, qui a perdu son fils unique à Frœschwiller. »

Les Prussiens se troublent. Elle les amène à la troisième.

« Madame Spindler, dont le frère a été fusillé comme franc-tireur. »

Les trois Prussiens tressaillent. Elle les amène à la quatrième.

« Madame Brown, qui a vu sa vieille mère égorgée par les uhlans. »

Les Prussiens reculent. Elle leur désigne la cinquième.

« Madame Hullmann qui » mais les trois Prussiens ne la laissent pas achever, et, balbutiant, éperdus, ils se retirent précipitamment comme s'ils eussent senti l'anathème et les malédictions de ces pauvres femmes en deuil tomber sur leur tête.

10 mai 1871.

Les évènements en France n'ont fait que s'aggraver ; ils ont dérangé tous mes plans de retour immédiat.

Je me décide à aller voir Bade qui n'est qu'à huit lieues de Strasbourg.

Le chemin de fer marche tranquillement, ce qui permet d'admirer une nature luxuriante, et de jolis villages qui semblent avoir été jetés là tout exprès pour faire point de vue au premier plan, pendant qu'au second plan se déroule une série de collines couronnées de ruines féodales. Voici Achern où l'on garde les entrailles de Turennes, à un quart d'heure tout au plus de Salzbach où le héros fut tué.

Voici Bükl qui se montre fier de son vin rappelant de loin notre Bourgogne, nous a-t-on dit, car nous n'en avons pas bu. Les grands vins allemands sont hors de prix, nous nous contentons de la bière de Strasbourg que nous trouvons bonne.

On prétend que la meilleure bière du monde sort de la brasserie que le domaine de la couronne de Bavière possède à Munich depuis plusieurs siècles; mais, comme nous n'avons point non plus goûté cette bière là, nous ne pouvons faire la différence.

Depuis quinze jours, nous sommes à Bade, la plus coquette des villes ; je croyais n'y venir que pour quelques jours ; hélas ! l'insurrection de Paris n'est pas encore calmée. N'est-ce pas horrible cette guerre civile, cette guerre fratricide succédant à la guerre étrangère ?

Il est probable que je vais me diriger sur la Belgique, ne voulant pas séjourner plus longtemps en pays ennemi. Cependant Bade me semble un vrai paradis pour les touristes.

Le Palais des Jeux est splendide. Deux fois par semaine nous y allons entendre d'excellente musique dans la salle des roses, tendue de satin blanc et décorée de guirlandes de roses en relief. Je vais aussi lire les journaux au cabinet de lecture où l'on peut coudoyer quantité de princes et princesses de toutes nationalités. Le roi et la reine de Naples habitent Bade en ce moment. La reine est une femme encore belle et sympathique, qui ressemble bien aux portraits que j'ai vus d'elle. Nous passons nos soirées dans le salon de la conversation ou au théâtre, un vrai bijou. Tout est élégant et luxueux à Bade : l'allée de Lichtenthal nous a rappelé les Champs-Elysées, tant il y passe de fringants équipages; seulement, au lieu de conduire au bois de Boulogne, elle conduit à la Forêt-Noire. Le Palais du grand-duc, la villa de la princesse Stéphanie de Bade sont remarquables. La cathédrale est richement décorée à l'intérieur : parmi ses curiosités on voit le squelette de Sainte Rosalie, entièrement recouvert de joyaux. L'ancienne chapelle des chanoines de Lichtenthal possède une autre relique du même genre.

La Trinkhall est l'établissement thermal proprement dit de Bade (Baden veut dire Bains en allemand); c'est aussi un fort joli édifice; sa façade comprend seize colonnes d'ordre corinthien. Sur le fronton un bas-relief représente la nymphe des eaux, qui, d'un côté, accueille les malades et qui, de l'autre, les renvoie heureux et guéris.

On arrive à la galerie par un large perron et deux entrées latérales. Le fond de cette galerie se compose de quatorze panneaux, peints à fresque, représentant les principales légendes du pays.

Je me les suis fait expliquer. Est-il rien de plus charmant que les légendes ? Elles sont la poésie des siècles, elles sont les broderies et les fleurs jetées sur le canevas sévère de l'histoire.

J'ai voulu faire usage de ces eaux qui sortent toutes chaudes de dessous terre, mais cela ne m'a pas réussi comme à bien d'autres du reste. Dame ! ces eaux guérissant les malades doivent rendre malade les bien portants. C'est logique.

J'ai fort remarqué une chapelle entièrement revêtue de marbre blanc et dont la toiture est en lames de cuivre.

Nous y sommes entrées pendant une cérémonie du culte schismatique qui m'a beaucoup intéressée ; le patriarche qui officiait avait un air vénérable, et ses chants grecs étaient d'une douceur, d'une harmonie incomparables. Il y a eu aussi pendant notre séjour une grande kermesse qui a duré huit jours avec toutes sortes de divertissements. Un tir où l'empereur et ses généraux ont été fusillés bien souvent...... en effigie. Un panorama où l'on voyait toutes les principales batailles de la dernière guerre, c'est-à-dire une marche triomphale de la

Prusse. Un carrousel superbe, des musiciens et chanteurs en masse. Tout cela avait beaucoup d'attraits pour Georgette ; elle est encore à l'âge heureux où l'on ne se rend pas compte des choses : ce qui la faisait rire me faisait soupirer.

Nous avons visité plus d'une fois le grand bazar. Que de tentations ! il y a là de quoi vider bien des bourses : verreries de Bohême, peintures sur porcelaines, variété de bijoux, horloges, coucous de toute espèce, bois sculptés de la Forêt-Noire, bibelots de tous genres et de toutes dimensions. Nous avons été raisonnables, si raisonnables que nous n'avons rien acheté. Une seule jolie chose peut tenter, mais la vue de tant de jolies choses n'excite plus le désir, elle le rassasie.

Je suis restée plus longtemps à Bade que je n'aurais voulu, mais il y avait tant d'excursions délicieuses à faire aux environs ! Nous sommes donc allées au château grand-ducal ou vieux château. On y pénètre par une porte majestueuse. Ces ruines ont grand air. La salle des chevaliers est une vaste pièce à ciel ouvert ; au centre une table champêtre avec un arbre au beau milieu. Une terrasse permet de circuler autour des ruines. Le panorama en est déjà superbe, mais si l'on veut monter jusqu'à la vieille tour, alors on jouit d'une vue qui s'étend sur toute la vallée de Bade, et quand le temps est clair, sur Kehl, Strasbourg et Rastadt. Au centre de la terrasse, dans une embrasure de pierres se trouve ce que l'on appelle la Colsharf, c'est-à-dire une réunion de cordes de boyaux tendues, lorsque le vent passe en les agitant, elles font entendre des sons d'une mélodie suave, d'une douceur infinie, c'est la harpe éolienne en un mot.

Nous sommes revenues du vieux château par *Les Rochers :* ce sont des masses de porphyre colossales aux déchirures profondes, aux crevasses béantes, reliées entre elles par des ponts et des sentiers où l'on peut circuler sans aucun danger.

Visite fort intéressante aussi au château d'Eberstein, ouvert toute la journée; Salle des chevaliers ornée d'armures et de vitraux anciens, appartements du duc et de la duchesse, tout cela superbe; balcons circulaires, terrasses, tentures magnifiques, vues merveilleuses.

Le château de la Favorite s'élève au centre d'un parc enchanteur, aussi romantique que possible : devant la principale façade s'étalent un vaste lac et un escalier grandiose, orné de statues. Le château de la Favorite doit sa fondation à la princesse Sybille, veuve de Louis-Guillaume, vainqueur des Turcs. La princesse eut-elle dans sa vie de gros péchés à se reprocher ? toujours est-il, c'est que, à côté du joli château où rien ne manquait, on montre l'ermitage où la princesse s'en allait faire pénitence, et l'on y voit, en effet, les instruments de la macération la plus raffinée, un lit de paille, un cilice, une discipline, une ceinture armée de pointes de fer.

Au rez-de-chaussée du château, on vous fait regarder ce que je n'avais encore vu nulle part : « une cuisine d'apparat ». Cette cuisine est ornée d'une collection de plats, d'assiettes, de cristaux de tout genre, et d'un service complet de table, représentant, en porcelaine, des jambons, des poulets et des canards, du gibier et un choix de légumes les plus variés.

Au premier étage, on vous montre une suite d'appartements intéressants au point de vue de la décoration et de l'ameublement, la chambre chinoise est fort remarquable, et le boudoir des glaces aussi : dans cette dernière pièce, on voit le portrait de la princesse sous quatre-vingts costumes différents.

La grande et somptueuse salle à manger pour les réceptions de gala, est du plus grand effet, et par l'élégance de ses dispositions et par la richesse de ses ornementations. Aux quatre coins de la salle sont des jets d'eau, que paillettent d'or tour à tour le soleil et les lustres ; tout en haut se trouve une galerie circulaire pour les musiciens.

Après cela, on entre dans une enfilade de pièces originales, assez curieuses à voir.

En sortant du château, on admire à droite et à gauche des galeries en forme de cloîtres, donnant sur des massifs de verdure qui ont grand air.

Promenades charmantes encore dans la vallée de la Mürg, à la cascade de Géroldsau, au Chalet des Chèvres où vous voyez paître en liberté une centaine de chèvres, blanches comme leur lait, portant au cou une mince clochette dont on entend avec plaisir tinter le léger carillon.

« Le duché de Bade est l'un des plus beaux joyaux de la confédération germanique. Fribourg-en-Brisgau, Heidelberg et Baden-Baden forment un trio de villes-jardins inconnues en France. » Oui, le grand duché de Bade avec sa légendaire forêt noire, moins noire que son nom, est le jardin superbe de l'Allemagne. Il faut la voir, il faut l'admirer, cette promenade là ; c'est un rêve en action.

Fribourg-en-Brisgau est une ville frappée au coin de la couleur locale et de l'antiquité.

On contemple d'abord l'université avec ses créneaux, l'hôtel-de-ville avec ses vieilles peintures, la cathédrale avec sa merveilleuse tour. Cette cathédrale construite en pierre de grès rouge, est l'une des plus belles églises gothiques de l'Allemagne. Elle remonte au treizième siècle. La tour haute de cent vingt-huit mètres est un chef-d'œuvre d'architecture et de sculpture ; elle se termine par une flèche en pierre à jour, travail surprenant de hardiesse et de légèreté. Cette tour est comme celle de Strasbourg, l'œuvre d'Ewin de Steinbach, et un peu celle aussi de sa fille, la belle Sabine.

Si l'on en croit l'histoire, Sabine vivait au milieu des ouvriers de son père, les aidant de ses conseils, travaillant même avec eux, puisque certaines sculptures fines comme des broderies, à Strasbourg comme ici sont dues à ses mains délicates. Ils la faisaient juge de leurs différends et l'avaient surnommée « La Reine du travail. »

C'est à Fribourg-en-Brisgau qu'il faut venir pour s'extasier tout à son aise devant les reliques du passé.

Vieilles maisons, vieilles ruelles, vieux porches, vieilles tours, pignons gothiques, cloîtres sévères, peintures murales extérieures et décorations de fer forgé, voilà ce que l'on voit à Fribourg-en-Brisgau, la perle du pays, disent les guides.

Heidelberg est une ravissante ville de vingt-cinq mille âmes, intelligente et savante. Son université célèbre date de 1386 ; elle fut fondée par l'électeur Rupert 1er. Le pape Urbain VI contribua aussi à sa création.

Elle compte trente professeurs distingués, et beaucoup de jeunes gens sérieux. Ce n'est point à Heidelberg qu'il faut venir chercher le type romanesque du coureur ou de l'étudiant... qui n'étudie pas.

Cette ville possède un musée remarquable, des collections scientifiques d'une grande valeur, et une bibliothèque dite palatine, d'environ deux cent mille volumes, au nombre desquels le catéchisme de Luther annoté de sa main.

Très beau, le palais du grand duc qu'on a surnommé l'Alhambra de l'Allemagne, rempli d'une foule de précieuses choses. Très belles les deux églises de St-Pierre et du St-Esprit. Cette dernière, comme l'église française à Berne, sert également aux protestants et aux catholiques qui y font successivement leurs offices.

Les ruines, dues aux Français, du vieux château électoral sont excessivement curieuses : ces ruines monumentales, ces tours éventrées par nos canons au dix-septième siècle, décorant comme à plaisir des hauteurs boisées, dominent majestueusement encore la vallée de Neckar. Elles sont là comme pour raconter l'histoire et résumer le passé. Les habitants de ce château l'embellirent jadis suivant leurs goûts et leur époque, et l'on trouve ici :

« Un porche gothique et les colonnes de granit envoyées par le pape à Charlemagne, là, une façade italienne avec des nymphes et des chimères ; ailleurs, une ordonnance couronnée de frontons ; plus loin, la grosse tour fendue qui dresse vers le ciel sa brèche gigantesque. Les granits et les marbres gisent pêle-mêle, sous les pieds, enfouis dans l'herbe chevelue, les plantes grimpantes, les lierres tenaces.

Un seul souvenir s'est conservé intact, c'est la cave ou plutôt le célèbre tonneau des Palatins. Ce foudre titanesque a douze mètres de long ; il peut contenir trois cent mille bouteilles de bière ; le dessus forme terrasse, l'on y dîne et l'on y danse.

Quant à la Forêt-Noire, où le beau *Danube bleu*

prend sa source, c'est un parc colossal, c'est un gigantesque bois de Boulogne, et je ne sais comment peindre mon admiration. C'est le paradis terrestre pendant l'été, car l'hiver le climat devient fort rude, et la neige y tombe au moins durant six mois. Elle féconde ainsi la luxuriante végétation qui doit se réveiller au printemps et prépare la floraison de ces fameux mérisiers qui produisent le kirsch-wasser (eau de cerises) si apprécié du monde entier.

« De toutes parts, dès qu'on s'engage dans l'une ou l'autre des vallées profondes qui partent du Rhin pour finir dans le royaume de Wurtemberg, à soixante-quinze kilomètres de là, on ne voit que forêts sombres de sapins couvrant les montagnes, collines et monticules, on n'entend que rivières et ruisseaux qui murmurent, en cascadant dans l'herbe et la mousse.

« Partout des habitations, soit groupées, soit isolées. Partout du monde ; un perpétuel va-et-vient de gens et de bêtes allant aux champs de la vallée, ou montant aux pâturages. Les maisons sont bien, dans tout le massif qu'on désigne sous le nom conventionnel de la Forêt-Noire, celles que les marchands de jouets nous ont depuis longtemps montrées : petits chalets bas, en bois, drôlement assis, avec un pignon grossier, qui forme abri.

« Et les routes plantées d'arbres fruitiers ! Et les vignes ! Quelles admirables routes et quelles superbes vignes! Elles sont bien de taille à fournir à l'Allemagne entière de ce vin du Rhin dont elle est fière, et non sans raison, il faut bien en convenir. La toilette de ces vallées plantureuses et pittoresques est si bien faite ! »

Le grand duc de Bade doit donner certainement les ordres les plus stricts pour que cette contrée riante, charmante, captivante, soit tenue l'été d'une manière irréprochable, avec des allées spacieuses et propres et des gazons fleuris comme on n'en déploie qu'autour des châteaux.

CHAPITRE VII

Rastadt, Carlsruhe, Francfort, Mayence, Les rives du Rhin, Coblentz, Cologne, Aix-la-Chapelle.

La première ville où nous nous arrêtons en quittant Bade, est Rastadt, ville murée du grand duché de Bade. C'est en cette ville qu'eurent lieu en 1713 et 1714 entre Villars et le prince Eugène, les conférences qui amenèrent la paix de Bade et assurèrent la possession de l'Alsace à la France.

Nous visitons ensuite la jolie ville de Carlsruhe, capitale du grand-duché, ville intéressante et industrielle, Le palais du grand duc est un très vaste bâtiment, mais d'un style un peu lourd ; les jardins qui en dépendent sont fort beaux ; il y a aussi un joli théâtre et un musée remarquable.

Carlsruhe se présente sous un aspect gai et sémillant. Une cité âgée d'un siècle et demi est encore dans sa prime jeunesse, et celle-ci est de date toute récente : elle fut fondée en 1715 par Charles-Guillaume, margrave de Bade-Dourlach qui en fit sa résidence et lui donna le nom de Carlsruhe, c'est-à-dire « Repos de Charles. » Ce n'était auparavant qu'un simple rendez-vous de chasse.

Notre curiosité n'a pas le temps de se reposer à Francfort, autrefois l'une des quatre villes libres de la confédération germanique. Beaucoup d'édifices du moyen-âge émaillent la ville. Nous avons visité la magnifique cathédrale où l'on couronnait les empereurs (on la répare en ce moment), l'hôtel-de-ville dit Rœmer où siège le Sénat, le palais de la Tour-et-Taxis où se tiennent les séances de la diète, de très beaux musées, la synagogue des Juifs, le monument des Hessois, la vieille maison de la rue des Juifs, berceau de la famille Rothschild, Francfort est aussi la patrie de Gœthe. Cette ville possède des places superbes, un grand jardin botanique, un théâtre, de vastes hôpitaux ; enfin c'est une grande, riche et très belle ville. C'est de Francfort que fut lancé le 1er décembre 1813 le manifeste des souverains alliés contre Napoléon.

Nous traversons le Rhin pour aller à Mayence, l'une des trois forteresses fédérales de l'Allemagne.

Les Prussiens, les Autrichiens et les Hessois y tiennent garnison.

Cette ville n'est pas, comme Carlsruhe, de date récente. Elle fut fondée par Drusus, treize ans avant Jésus-Christ, et devint une place importante sous les Romains. Rebâtie par les rois Francs, Charlemagne se plut à l'embellir.

Mayence qui s'étend sur le penchant de plusieurs collines forme deux quartiers bien distincts, dont l'un est spacieux et élégant.

Cette ville renferme des richesses artistiques en grand nombre, galeries de peintures, musées d'histoire naturelle et d'antiquités romaines, cabinets de monnaies et de médailles.

Nous avons salué sur la place qui porte son nom la statue en bronze du célèbre Gutemberg auquel Mayence s'honore d'avoir donné le jour.

Il y a plusieurs belles églises, la cathédrale dite le Dôme m'a paru un peu lourde, elle est cependant renommée.

Mayence est souvent visité par les touristes, mais il paraît que les rois d'Allemagne, ne s'y aventurent guère. Ce qui m'a été dit à ce sujet m'a donné en même temps la signification de la main levée pour prêter serment, qu'on voit sculptée sur la façade latérale de la célèbre cathédrale. L'empereur François d'Autriche, dernier empereur du Saint-Empire et beau-père de Napoléon 1*er*, se trouvait à Mayence à la fin du dernier siècle, et le clergé le reçut si bien qu'il fit à l'archevêque la promesse que l'empereur allemand qui viendrait la prochaine fois à Mayence devrait construire à ses frais les deux tours qui manquent à la cathédrale.

L'empereur François avait évidemment l'intention de revenir et de faire construire les tours, mais son futur gendre l'en empêcha et le Saint-Empire cessa d'exister.

L'archevêque avait fait sculpter la main pour que la promesse impériale ne fût pas oubliée.

Or, il paraît que cette main sculptée gêne le vieux Guillaume qui se soucie fort peu de construire à ses frais les tours d'une cathédrale catholique.

Je crains donc que celle-ci n'attende longtemps encore ses tours et qu'elle soit obligée de se contenter de ses plans... restés en plan.

Un immense pont de bateaux de six cents mètres communique avec Cassel, qui forme comme un faubourg de Mayence. Nous n'avons pas idée de ce genre de pont en France.

C'est ici que le Rhin a sa plus grande largeur. Avant de quitter Mayence, nous n'oublions pas d'y faire un déjeuner au jambon, puis nous nous embarquons sur un confortable bateau à vapeur, et de dix heures du matin à sept heures du soir, nous descendons, mollement bercées, le Rhin jusqu'à Cologne.

Les rêveries de mon esprit sont aussi bercées de mille souvenirs dont quelques-uns bien tristes. Naguère encore, le grand pont du Rhin était gardé par deux sentinelles, d'un côté la sentinelle badoise et de l'autre la sentinelle française. Hélas, il n'y a plus de sentinelle française ! Ah ! cette revanche des Allemands contre les Français, avec quelle perfidie et quelle patience elle a été préparée !

Jamais les braves Gaulois n'auraient su feindre et dissimuler comme les Germains, « cette nation passée maîtresse en tous genres de fourberie, » disait Tacite, il y a dix-huit siècles.

Mais le bateau à vapeur marche, le paysage se déroule, c'est une suite d'enchantements, le regard est ravi ; presque continuellement les deux rives du fleuve sont bordées de hautes montagnes, au sommet desquelles sont perchés, comme autant de nids d'aigles, de vieux châteaux gothiques.

« Et si haute que fut la tour ou la montagne,
N'avaient besoin, pour prendre un château rude et fort,
Que d'une échelle en bois, pliant sous leur effort,
Dressée au pied des murs, d'où ruisselait le souffre,
Ou d'une corde à nœuds, qui dans l'ombre du gouffre,
Balançait ces guerriers moins hommes que démons,
Et que le vent, la nuit tordait au flanc des monts. »

D'autres châteaux sont plantés au beau milieu du fleuve, dans des îles enchantées. — En voilà une, là-bas, qui fait penser à Roland. La tradition fait mourir l'héroïque paladin au col de Roncevaux. On parlera toujours de la célèbre épée

Durandal et du cor merveilleux dans lequel Roland aurait exhalé son âme valeureuse, pour faire parvenir jusqu'à Charlemagne le cri de suprême détresse.

« Dieu me garde d'enlever un seul joyau au cycle épique des chevaliers de la Table-Ronde ! Mais à côté de la tradition guerrière, il y a la tradition amoureuse, qui éclaire d'un plus doux rayon cette grande figure de Roland, et qui en complète la poétique transformation.

Suivant une légende allemande, le héros, après avoir si vaillamment combattu, si bruyamment soufflé dans son cor, ne serait pas resté parmi les cadavres encombrant le val de Roncevaux. Un miracle de l'amour l'aurait ressuscité d'entre les morts, et, malgré ses innombrables blessures, il serait revenu sur les bords du Rhin, où le rappelait la foi jurée à la belle Hildegonde. »

Voici la légende :

« Hildegonde et Roland étaient fiancés, quand le héros dut partir avec l'armée pour l'Espagne. Remarquons ici qu'en qualité de neveu de Charlemagne, dont la résidence était à Aix-la-Chapelle, et qui visitait volontiers ses vignobles des bords du Rhin, notamment Rudesheim, Roland a dû passer une partie de sa jeunesse dans ces contrées. Rien d'étonnant dès lors qu'il y ait engagé son cœur. Hildegonde se montra digne de l'amour d'un tel guerrier. Elle l'attendit fidèlement, et quand lui vint la nouvelle du désastre de Roncevaux et de la mort de Roland, ne voulant pas se donner à un autre, elle prit le voile et se cloîtra dans l'abbaye de Nonnenwerth.

Jugez de la douleur de Roland quand il apprit que sa fiancée s'était donnée à Dieu pour toujours ! Afin de pouvoir du moins apercevoir quelquefois sa forme chérie dans les jardins du couvent, il se fit construire le burg qui a conservé son nom, et y passa le reste de ses jours, les yeux presque constamment tournés vers le monastère. Les restes d'un vieux burg, en face des sept montagnes, près de Bonn, en témoignent de manière à ébranler les plus incrédules. Une tour en ruines, encore aujourd'hui désignée sous le nom de *Coin de Roland* (Rolandseck), plane presque à pic sur une très ancienne abbaye construite dans une île au milieu du Rhin, et qui a continué de s'appeler l'*île des Nonnes* (Nonnenwerth). »

Deux lignes de chemin de fer courent à droite et à gauche pour rappeler le voyageur aux réalités du XIX° siècle. La vigne grimpe partout où il y a quelques pouces de terre. Nous apercevons en passant les caves creusées dans la montagne qui renferment les précieux vins de Johannisberg. Je m'aperçois qu'un sentiment de jalousie se mêle à mon admiration, pendant toute cette journée. Je ne crois pas que nous ayons rien d'équivalent en France, et je comprends notre ambition, d'avoir voulu, hélas ! posséder ce beau Rhin allemand.

Il est bien calme aujourd'hui, bien souriant, dans sa majestueuse sérénité et l'on oublie ses emportements, la course vertigineuse de ses flots bleuâtres qui roulent parfois avec une rapidité à faire frémir.

Voici Coblentz. C'est une ville à part ; ses édifices et ses églises surtout sont beaux. J'y ai remarqué un monument élevé au général Marceau. Mais son altière forteresse entourée de sept enceintes est ce qu'il y a de plus remarquable.

Coblentz fut jadis une des villes habitées par les empereurs carlovingiens et plus tard par les électeurs de Trêves.

Je visite Coblentz avec intérêt en songeant à mon grand-père qui, au début de la révolution française, y arriva avec bien d'autres émigrés, et concourut d'une manière active à la formation de l'armée de Condé. Je conserve précieusement sa décoration du Lys, une fleur de lys d'argent surmontée de la couronne royale et nouée d'un ruban blanc, que les soldats seuls de l'armée de Condé avaient le droit de porter.

Lors de la Restauration, en 1814, cette décoration reprit faveur et devint comme un signe de ralliement qui servait à distinguer les royalistes, mais bientôt elle tomba dans le domaine public, chacun put la prendre, et cette facilité de la porter à sa guise, lui ôtant tout mérite, sa vogue fut promptement passée.

Aujourd'hui elle n'a plus place que dans les souvenirs de famille ou les musées d'antiquités.

Cologne est une grande et belle ville de cent

mille habitants, mais d'un aspect triste. Bâtie en demi-cercle, défendue par quatre-vingt-trois tours, elle est reliée par un pont fixe, qui a remplacé un pont de bateau, à la petite ville de Deutz, sur la rive opposée du Rhin.

Deutz, ville presque entièrement peuplée de juifs devient ainsi le faubourg d'une ville essentiellement catholique et qui possède un nombre infini d'églises. La reine de toutes est son immense cathédrale, la plus belle que j'ai vue. Commencée en 1248, interrompue pendant plusieurs siècles, elle n'a été achevée que tout dernièrement en 1861. Dame! ici la légende est joliment en faute! La cathédrale de Cologne ne devait jamais être finie, disait-elle.

Oyez pourquoi : Un jeune architecte, désolé de n'avoir pu faire agréer son projet par l'archevêque Conrad qu'aucun plan ne pouvait satisfaire, s'en était allé sur les bords du Rhin dans le dessein de mettre fin à ses jours. Au moment où il allait se précipiter dans le fleuve, un vieillard qui n'était autre que le diable lui apparut tout à coup et lui offrit, en échange de son âme un plan merveilleux, le plan de la cathédrale actuelle.

Le jeune homme demanda vingt-quatre heures de réflexion et alla soumettre le cas à son confesseur qui lui suggéra une bonne ruse : Le lendemain, au moment où Satan lui montrait de nouveau son plan, en lui rappelant à quelles conditions il en deviendrait possesseur, le jeune homme le lui arracha brusquement, et, tirant tout aussitôt de dessous sa robe une relique de sainte Ursule, il en frappa l'Esprit du mal au front. Satan vit bien qu'il était joué : « C'est encore une ruse de l'Eglise ! s'écria-t-il ; mais la cathédrale que tu me voles ne sera jamais achevée, et ton nom restera inconnu ! » En prononçant ces mots, Satan arracha d'un coup de griffe la partie supérieure du dessin. Le jeune architecte mourut de chagrin de n'avoir jamais pu le reconstituer.

Pendant de longues années, l'évènement sembla donner raison à la légende. Les travaux de la cathédrale de Cologne, commencés en 1249, furent continués jusqu'en 1509 ; mais, dans ce long espace de temps, ils furent interrompus plus d'une fois, si bien qu'au commencement de ce siècle, le chœur seul avait pu être terminé.

Transformé par la Révolution française en magasin à fourrages, mutilé par le temps autant que par les hommes, le vénérable édifice menaçait ruine et allait probablement être jeté bas, lorsque le zèle archéologique et religieux se réveillant, des associations se formèrent et entreprirent non seulement de restaurer, mais encore d'achever à l'aide de souscriptions l'œuvre gigantesque à peine ébauchée au Moyen-Age. Les dons affluèrent de toutes parts ; le roi de Prusse d'alors, Frédéric-Guillaume IV, s'engagea à verser annuellement cinquante mille thalers, et, le 4 septembre 1820, eut lieu la seconde fondation de la cathédrale, fête magnifique dont Cologne n'a pas perdu le souvenir. Dès lors, il n'y eut plus d'arrêt dans les travaux, que moins d'un demi-siècle, comme on le voit, a suffi pour mener à bien.

Le chœur est une merveille du moyen-âge : on venait de toutes parts à Cologne pour honorer les précieuses reliques qu'elle possède, et particulièrement celles des Rois Mages.

Saint Bruno naquit à Cologne, et Marie de Médicis y mourut en 1642. — Rubens y séjourna longtemps, quelques auteurs croient qu'il y est né; en réalité il reçut le jour à Siegen (Nassau), d'une famille noble et originaire d'Anvers. Nous n'avons pas voulu quitter Cologne sans acheter quelques flacons de cette eau spiritueuse et parfumée, qui porte son nom ; inventée à la fin du siècle dernier par Jean-Marie Farina, elle est maintenant connue du monde entier.

Aix-la-Chapelle est aussi une ville importante des états prussiens : l'hôtel de ville est magnifique; la cathédrale bâtie par Charlemagne est remarquable ; cependant je lui reproche son style un peu lourd, un peu confus, et elle me semble bien inférieure à celle de Cologne.

Près de la ville se trouvent des eaux sulfureuses et ferrugineuses, fort en vogue. Ces sources furent découvertes par Charlemagne vers 773 pendant une partie de chasse. Il y fit construire une chapelle; d'où son nom d'Aix-la-Chapelle. L'empereur finit même par faire de cette ville sa rési-

dence habituelle et la capitale de tout l'empire. A partir de cette époque le développement et l'importance d'Aix ne firent que s'accroître. Il s'y tint différents conciles ; les empereurs s'y firent couronner pendant plusieurs siècles, de 813 à 1531. Les habitants vous montrent avec fierté les tombeaux de l'empereur Othon III et de Charlemagne.

De même qu'Argenteuil possède la tunique de Notre-Seigneur, et Prün, dans le diocèse de Liège, ses sandales, Aix-la-Chapelle conserve précieusement sa ceinture de cuir *(cingulum)*, dont les deux extrémités sont réunies et scellées du sceau de l'Empereur Constantin.

Ce trésor, ainsi que les restes de Charlemagne, qu'on appelle les « *grandes reliques* », ne sont présentés à la vue du peuple que tous les sept ans.

CHAPITRE VIII

Bruxelles, Laeken, Waterloo, Gand, Bruges, Anvers, Spa, Paris et ses ruines, Retour au logis.

D'Aix-la-Chapelle, nous arrivons à la petite ville manufacturière de Verviers, première station belge. Là, il faut subir l'ennui de la douane, mais c'est égal, je ne suis plus en pays ennemi, il me semble qu'on m'a ôté un poids qui m'oppressait le cœur, je respire plus librement.

Le paysage a changé d'aspect ; cependant vers Liège je retrouve des réminiscences de la Suisse en petit. Mais en approchant de Bruxelles, adieu la poésie. Nous sommes dans un pays riche et fertile, ces immenses plaines le prouvent certainement, malgré leur apparence terne, uniforme, presque insipide. Bruxelles s'annonce très bien par cette superbe gare du nord où nous débarquons; mais il y a tant de Parisiens ayant fui la Commune que tous les hôtels où nous frappons sont pleins. Enfin, après une journée de fatigues nous trouvons un appartement chez Monsieur Vereyken où nous sommes très confortablement installées.

Je vois dans mon guide que la ville de Bruxelles est à deux cent soixante-six kilomètres de Paris, et qu'elle renferme environ deux cent mille habitants.

Au septième siècle, Bruxelles n'était encore qu'un modeste bourg. Cette ville ne reçut son nom qu'en 1044, lorsqu'elle fut entourée de murs, et devint le séjour des ducs de Brabant. Ce n'est que depuis 1831 qu'elle est la capitale de la Belgique. Elle était avant l'une des deux capitales du royaume des Pays-Bas. Deux fois prise par les Français à la fin du dix-septième et à la fin du dix-huitième siècle, elle appartint à la France de 1795 à 1814.

On dit que Bruxelles est un petit Paris. C'est en effet une jolie miniature de notre capitale, avec sa ceinture de boulevards et son bois de la Cambre, rival de notre bois de Boulogne. Elle compte quatorze portes, vingt-sept ponts, et plusieurs beaux édifices. Sa cathédrale dédiée à Sainte Gudule est vraiment très belle à l'extérieur, quoique ses tours semblent inachevées.

L'intérieur est décoré très richement de superbes vitraux, de tableaux de maîtres et de magnifiques tombeaux en marbre blanc. La chaire en bois sculpté est très curieuse : l'artiste a représenté nos premiers parents mangeant la pomme et a personnifié les sept péchés capitaux qui viennent à la suite. L'hôtel de ville gothique est un remarquable monument entouré d'antiques maisons d'une architecture riche et bizarre. On ne voit qu'arabesques, colonnes, statuettes d'un grand effet. Ces demeures rappellent la domination des Espagnols, qui implantèrent ici le style mauresque, qu'ils tenaient eux-mêmes de leurs vainqueurs les Maures. *L'ancienne maison du Roi* est le chef-d'œuvre de ce genre. Quant au palais du roi actuel, ce n'est qu'une grande construction moderne, sans ornements et sans style. Sans doute que le confort et les richesses de l'intérieur font oublier l'extérieur, mais je ne l'ai pas visité.

La résidence royale de Laeken, située dans le faubourg de ce nom, est entourée d'un grand parc ouvert au public, qui peut s'y promener tout en admirant les beaux arbres, les pelouses fleuries, les orangeries et les serres remplies de plantes rares et superbes.

Le palais des ducs d'Orange, un peu moins laid que le palais du Roi, a été transformé en musée. Les promenades sont magnifiques et nombreuses.

L'Allée Verte est tout simplement ravissante ; le parc royal, devant le palais du Roi, est planté de beaux arbres, mais les statues me semblent de peu de mérite.

Le parc de Bruxelles, devant le palais de la Nation, se trouve dans la ville haute, au milieu des quartiers les plus élégants. On y rencontre tout ce qui fait la beauté ordinaire des grands enclos : des massifs, des taillis, des pelouses, de l'eau. On a conservé un bassin qui recevait l'eau d'une fontaine aujourd'hui tarie. Ce bassin est donc à sec, mais on le garde, parce que Pierre-le-Grand pendant son séjour à Bruxelles, s'amusa un jour à boire « en vrai charpentier, » une bouteille de vin qu'il avait fait rafraîchir dans ce bassin. L'histoire, qui souvent laisse passer des faits importants, s'amuse parfois à consigner les plus petits, et c'est comme cela que les générations pourront lire gravés sur les bords du dit bassin, l'année, le mois, le jour et l'heure *où le Roi a bu*.

Quant au bois de la Cambre, il est vraiment splendide, et je crois qu'il peut rivaliser avec notre Bois de Boulogne. Au demeurant, Bruxelles est une ville industrieuse et commerciale, intelligente et artistique, riche et élégante.

Ses musées possèdent beaucoup de choses rares et curieuses, celui de peinture renferme une grande quantité de tableaux de Rubens, Van-Dyck, Rambrand, des deux Teniers, et de tous les maîtres de l'école flamande. Le musée Hirtz, fondé par un particulier, dont il contient seulement les œuvres et les collections assez originales, présente également beaucoup d'intérêt.

Bruxelles a de fort beaux magasins, et j'ai admiré aux étalages de lingerie ces belles dentelles si renommées dites point de Bruxelles.

Le théâtre de la Monnaie et celui des galeries Saint-Hubert sont les deux plus beaux de Bruxelles. Au reste, les divertissements abondent ici. Georgette irait volontiers tous les jours au spectacle ou au cirque ; elle devient très mondaine. Je crois qu'il est temps de rentrer chez nous, et vraiment le mal du pays me gagne. Depuis huit mois je parcours villes et campagnes, employant mon temps à tout voir, à tout visiter. J'ai coudoyé des milliers de personnes et cependant je suis toujours l'étrangère partout où je vais. Je suis l'inconnue qui passe devant des indifférents et à la longue, ce sentiment d'isolement, cette solitude dont on se sent entouré deviennent une souffrance de cœur !... Oh ! mon sweet home ! quand te reverrai-je ?

Nous avons visité le château de Laeken, résidence d'été du roi : c'est simple et beau. Puis nous avons fait une excursion à Warterloo, ce tombeau des gloires du premier empire. Georgette a grimpé au sommet du monticule d'où le lion belge domine la plaine en vainqueur, mais je n'ai pas eu ce courage ; je suis restée aux pieds du colosse où m'est venue à l'esprit cette réflexion : « Que le petit état belge s'était fait représenter par un bien gros animal. Waterloo a comme Fribourg son tilleul historique et centenaire. C'est de ce tilleul, qui lui servit d'observatoire, que Napoléon suivait la bataille qui devait aboutir à la suprême défaite.

Bruxelles a aussi sa légende, la bien jolie légende de la Guerliche.

« La Guerliche, type populaire flamand, est une des personnifications de l'esprit qui court les rues. Goguenard, sentencieux, il parle par paraboles et par proverbes. Un jour, le roi des Pays-Bas vint visiter les Flandres. Il avise dans une promenade la plus belle ferme et le plus beau moulin qu'il ait jamais vus.

« A qui ce moulin ? demande-t-il.

— Au meunier la Guerliche, sire.

— Et cette ferme ?

— Au mayeur Sans-Souci.

— Sans-Souci ! s'écrie le roi, voilà un gaillard qui est plus heureux que moi. Qu'on aille lui annoncer que je l'attends demain pour lui poser trois questions : 1° Ce que pèse la lune ; 2° Ce que vaut son roi ; 3° Ce que je pense. S'il répond de travers, il sera pendu : ce serait trop commode de passer ainsi la vie sans inquiétude. »

Sans-Souci se désole, mais la Guerliche s'offre à le remplacer, à la condition que le mayeur renoncera à la main de Toinette, qu'ils aiment tous deux.

La Guerliche se présente devant le roi.

« Eh bien ! lui demande le monarque, sais-tu ce que pèse la lune ?

— Oui, sire, elle pèse une livre.

— Et sur quoi bases-tu ton opinion ?

— Sur ce qu'elle a quatre quarts.

— C'est juste, fait le roi. Et dis-moi maintenant, combien m'estimes-tu ?

— Vingt-neuf deniers.

— Comment drôle, tu oses ?...

— Dame ! sire, puisque Notre-Seigneur Jésus-Christ a été vendu pour trente deniers, je dois, en bon chrétien, vous placer un peu au-dessous.

— Très bien ! dit le roi. Peux-tu me dire aussi ce que je pense ?

— Parfaitement. Vous pensez que je suis Sans-Souci.

— Oui.

— Eh bien, je suis la Guerliche !

— Je te prends pour premier ministre ! s'écria le roi enthousiasmé. »

Il est peu probable que ma destinée me ramène jamais en Belgique ; je profite donc de mon séjour pour visiter ses principales villes.

Gand est une place forte de cent vingt mille âmes, plantée au beau milieu de plusieurs rivières, et une ville intelligente, possédant une Université libre, une Académie de dessin, peinture, sculpture, architecture, des musées, des bibliothèques, des sociétés savantes. Ce qui donne à cette ville de dix-neuf kilomètres de tour, un aspect tout particulier, c'est qu'elle est bâtie sur trente-six petites îles reliées entre elles par trois cents ponts. Il y en a plus qu'à Venise certainement, mais Venise reste une ville de Palais et l'emportera toujours sur sa rivale du nord, qui garde cependant aussi bien des souvenirs.

On admire son magnifique bassin pouvant contenir quatre cents bâtiments, son hôtel de ville du XVme siècle, son beffroi du XIIme, sa cathédrale du XIIIme, que couronne une tour de quatre-vingt-dix mètres de haut, enfin les vastes bâtiments de son

Béguinage célèbre, qui tient tout un quartier. On vous fait aussi remarquer les restes de l'abbaye de Saint-Pierre, autrefois la plus riche des Pays-Bas.

Les églises ici sont remplies d'œuvres d'art.

Gand est la patrie de Charles-Quint. Cette ville fut prise en 1678, par Louis XIV, et à la fin du siècle dernier par les armées de la République.

Louis XVIII s'y retira pendant les Cent Jours et y publia un journal officiel : *Le Moniteur de Gand*.

Bruges, qui compte cinquante mille âmes, est une ville belge, à la physionomie espagnole. Cette physionomie se retrouve aussi bien dans les demeures que dans les habitants, beaucoup de femmes sont brunes et n'ont rien du type un peu lourd des Allemandes blondes ou des rousses flamandes.

On remarque à Bruges le Palais épiscopal, l'ancien palais de Philippe-le-Bon, duc de Bourgogne, actuellement Palais de Justice, les halles, dont la tour possède le plus beau carillon de toute l'Europe, et l'église Notre-Dame, où se trouve le tombeau de Charles-le-Téméraire.

Le peintre J. Van Eych est souvent appelé Jean de Bruges, parce qu'il se fixa dans cette ville.

Quant aux dentelles de Bruges, que j'entendais vanter dans mon enfance, il paraît qu'elles se fabriquent dans les *béguinages* de Gand et non à Bruges, qui a cependant son *béguinage*.

En France nous ne connaissons pas le *béguinage*.

En Belgique il est très florissant. Le *béguinage* n'est point un ordre, tant s'en faut ni une congrégation, puisqu'on n'y prononce point de vœux, c'est une sorte de confrérie. Autrefois on donnait ce nom à des filles ou veuves, qui, sans faire de vœux, se réunissaient pour vivre dans la dévotion. Cette sorte de communauté, qui remonte au XIIme siècle, fut suivant les uns appelée *béguinage*, du nom de Lambert Begg ou le Bègue, prêtre Liégeois, leur fondateur (1170); suivant d'autres, de Sainte Bègue ou Begga, sœur de Sainte Gertrude, qui aurait fondé ce genre de communauté dès 692. On a fait enfin dériver ce nom du vieil allemand beggen, demander, prier. Il y a encore en Allemagne, et surtout en Belgique, beaucoup de ces maisons-là.

Les Béguines furent supprimées en France par Louis XI, et remplacées, pour les soins à donner aux malades, par des sœurs du tiers-ordre de Saint François, auxquelles le vulgaire appliqua le nom de Béguines.

Le *béguinage* de Bruges exige des quartiers de noblesse : des princesses, des filles de sang royal en font partie. En principe, on va au *béguinage* pour sanctifier son âme, mais cette institution rend encore d'autres services. On a eu des déboires, des ennuis dans le monde ou un réel chagrin, on se refugie au *béguinage* pour le temps qu'on veut, quelques jours ou quelques mois, et là on se retrempe, on prie, on se console.

Lorsqu'un jeune homme resté indécis, hésitant,

ne se décide pas à demander la main de la jeune fille qui a jeté son dévolu sur lui, crac ! celle-ci se précipite au *béguinage*, et menace d'y rester jusqu'à la fin de ses jours. Ce grand coup frappe généralement le cœur du rebelle, qui fait sortir l'amoureuse du *béguinage*, en lui passant l'anneau de fiançailles au doigt.

Comme on le voit, le *béguinage*, à tous les points de vue, a du bon.

De Bruges nous sommes allées faire un déjeûner d'huîtres à Ostende, station balnéaire très suivie. Nous nous sommes fort régalées de ces petites huîtres vertes sortant toutes fraîches de l'eau ; elles sont à la hauteur de leur réputation, et quoique petites sans doute, je n'aurais pas voulu tenir la gageure de cet étranger, qui dernièrement avait parié avaler son cent d'huîtres pendant que l'horloge sonnerait les douze coups de midi, ce qu'il fit comme il l'avait dit, et sans en être le moins du monde incommodé.

Par exemple, j'ai eu quelque surprise en apprenant que ces délicieux mollusques, que je classais parmi les meilleurs produits de la mer du Nord, sont seulement élevés en Belgique et qu'ils naissent tous en Angleterre, sur les rochers de Colchester, d'où on les amène ici par cargaison.

Ah ! le commerce, que n'invente-t-il pas ?

J'ai été aussi à Anvers, cette belle ville dont Napoléon voulait faire la rivale de Londres. Elle comptait jadis deux cent mille âmes et fut pendant les douzième, treizième et quatorzième siècles l'une des premières places marchandes du globe.

Elle était si florissante il y a quatre cents ans que le négociant Doems, chez qui Charles-Quint avait accepté de dîner, après le repas, jeta au feu, et sans se ruiner une reconnaissance de dix millions de florins prêtés par lui à l'Etat « Je suis trop payé, dit l'Anversois par l'honneur que Votre Majesté m'a fait aujourd'hui. »

Anvers ne fut pas seulement une ville supérieure par son commerce, elle le fut aussi par les arts. Elle avait son académie de Belles-Lettres, et fut le siège principal de l'école flamande de peinture. On l'appelait alors Anvers la riche.

Au moyen-âge, l'usage de donner des surnoms aux hommes et aux lieux était assez général. Bien des villes avaient un surnom ; il était ordinairement caractéristique, et il peignait chaque cité d'un seul trait. Dans les Pays-Bas, on rencontrait donc :

Anvers la riche ;

Bruxelles la noble ;

Louvain la sage ;

Gand la grande ;

Bruges l'ancienne.

C'était la même chose en Suisse.

Un vieux chroniqueur suisse nous apprend que de son temps, quand on parlait des neuf cités épiscopales de la *rue aux prêtres* (c'est ainsi qu'on désignait le Rhin, à cause de la quantité d'évêchés qui se trouvaient sur ses bords), il était en usage de dire :

Coire est la plus haut située ;
Constance, la plus grande ;
Strasbourg, la plus noble ;
Mayence, la plus digne ;
Trèves, la plus ancienne ;
Cologne, la plus puissante ;
Spire, la plus pieuse ;
Worms, la plus pauvre ;
Et Bâle, la plus gaie.

Valenciennes s'appelait la franqueville.

Levasseur (*Annales de Noyon*) rappelle qu'un doyen de Noyon disait, en 1633 :

Noyon la sainte ;
Saint-Quentin la grande ;
Péronne la dévote (et aussi la pucelle) ;
Chauny la bien-aimée ;
Ham la bien placée ;
Bohain la frontière ;
Nesle la noble ;
Athie la désolée.

Le commerce d'Anvers est encore considérable. J'ai vu avec étonnement et admiration son port couvert de vaisseaux, dont les milliers de mâts émergent de la mer, comme les arbres d'une immense forêt. J'ai encore visité, avec beaucoup d'intérêt, son musée, le plus beau du royaume, et qui possède les plus belles toiles de Rubens.

Nous avons admiré à **Notre-Dame**, dont la tour

est le plus haut édifice de la Belgique, le magnifique tableau de Rubens : *La Descente de Croix.*

Nous avons longuement promené Georgette et moi dans le magnifique jardin zoologique, le plus complet que j'ai vu. Il passe du reste pour l'un des plus pittoresques et des mieux entretenus qu'il y ait en Europe.

On vante son palais de verre, décoré dans le goût égyptien, qui permet de voir à couvert la ménagerie et d'assister au repas des fauves.

Anvers possède aussi un jardin botanique, dont l'origine est... originale.

Un jour de l'année 1826, on faisait une vente de fleurs qui avait attiré foule d'amateurs. Parmi ces collections se trouvait un arbuste fort rare et d'un prix si élevé, qu'il ne trouvait point acquéreur.

« Eh bien ! qu'on l'achète pour le jardin botanique de Bruxelles, cria une voix.

— Vous avez raison, répondit un secrétaire du Roi.

Et la voix railleuse reprit : C'est ça, laissons partir le plus beau fleuron de notre couronne. N'est-ce pas honteux que la ville d'Anvers n'ait pas un jardin botanique ? »

L'idée fut acceptée, le jardin fut fondé et l'arbuste rare fut son premier habitant.

Spa, fort en vogue, est une petite ville d'eau très bien rebâtie après l'incendie de 1807, sur la frontière du Luxembourg. C'est Bade en miniature. Les salons de jeu, fraîchement décorés, sont splendides. J'y ai vu un joueur perdre vingt mille francs sans sourciller. La promenade de *Sept Heures* et l'allée du *Marteau* où défile le beau monde sont charmantes, mais c'est bien loin du grandiose de la Forêt-Noire. Peut-être aussi suis-je blasée d'avoir tant vu. J'attends avec impatience l'ouverture de Paris pour retourner chez moi ; je verrai en passant dans quel état les sauvages communards ont mis cette malheureuse ville.

20 Juin 1891.

Après l'insurrection vancue et l'armée rentrée à Paris, nous nous apprêtions à partir, lorsque Georgette est prise de la rougeole. Quinze grands jours de souffrance et d'ennuis, qui me dégoûtent tout à fait de Bruxelles. Enfin, Georgette fait sa première sortie pour voir défiler une superbe cavalcade et je rentre le soir malade à mon tour avec la rougeole. Quinze nouveaux jours de souffrance, d'ennui et de réclusion. J'en ai assez de ces terres cosmopolites « où l'on ne se sent plus regardé par les doux yeux de la patrie. » Ah ! comme j'ai hâte de la revoir, cette mère patrie, si malheureuse aujourd'hui, la *Matrie* comme disait Platon.

Enfin, le docteur m'octroie la permission de partir, et nous quittons la Belgique pour toujours.

Depuis notre entrée en France, partout nous apercevons les traces de la guerre. Aux environs de Paris, surtout, ce ne sont que ponts coupés, réparés provisoirement, sur lesquels le train passe avec grandes précautions. Paris me semble triste comme un tombeau, par ce brillant soleil d'été qui n'éclaire que les ruines de ses palais ; et cependant, chose étrange, il y a foule dans les rues, le mouvement reprend, les restaurants sont pleins de monde, et les cafés aussi. On cause avec le même enjouement, avec la même futilité de paroles, si j'osais je dirais, avec la même insouciance qu'aux temps heureux. Mon Dieu, quel peuple que ce peuple français que rien n'abat ! Voilà des mois que les Parisiens meurent de faim, voilà des mois que leur ville est à feu et à sang, et sitôt une accalmie, ils se reprennent à vivre comme par le passé. Et cependant, quel spectacle affreux ! On fouille tous les squares pour en retirer les cadavres enfouis précipitamment pendant la lutte, dans toutes ces rues où l'on se battait pied à pied, comme des géants, comme des démons. Les troupes campent au Jardin des Tuileries, au Palais-Royal, dans les rues, partout.

Les maisons que le pétrole a épargnées sont criblées de balles, écornées par les boulets. Tous les ponts sur la Seine sont coupés. A Sèvres, il ne reste pas un arbre sur pied : dévastation complète. Mais comme ruines, Saint-Cloud est un chef-d'œuvre, c'est l'abomination de la désolation. Je ne crois pas qu'il y ait eu cinq maisons épargnées par le bombardement.

Après avoir parcouru la ville et les environs,

nous nous éloignons l'âme navrée de toutes ces tristesses. Nous rentrons enfin chez nous après huit mois d'absence.

C'est une grande joie de revoir tout ce qu'on avait quitté et tout ce qu'on aime ; c'est une grande joie de franchir le seuil de sa maison et de retrouver sa demeure, cette demeure qui est la petite patrie dans la grande.

Les exilés seuls ont savouré ces douceurs-là.

« O mon jardin, ma maisonnette,
« Chers témoins de ma paix discrète,
« Qu'avec bonheur je vous revoi,
« Et qu'avec plaisir je répète :
« Il n'est pas de petit chez soi ! »

VOYAGE EN ANGLETERRE

Eté 1885

Jersey, Guernesey, Sercq,
Londres, Oxford.

JERSEY

JOURNAL DE MADAME

A Mlle Augustine Baudoüin.

Et d'abord, merci, jeune et bien chère amie, de ta charmante lettre que j'ai lue et relue avec l'attrait de tout ce qui porte le cachet de l'esprit et du cœur; tes descriptions sont ravissantes, et le beau pays que tu visites est bien fait pour retenir et inspirer. Le Dauphiné s'offre à toi avec ses sites enchanteurs et ses montagnes grandioses. Il est presqu'impossible de rendre l'effet saisissant que les montagnes produisent, Alpes ou Pyrénées, à ceux qui les voient pour la première fois. Tu as comme moi éprouvé cette sensation indéfinissable qui tient du vertige. Le regard ne peut se détacher de ces masses altières, tantôt roches nues, tantôt chevelues de pins sombres, de ces monts géants, couronnés de neiges éternelles, aux cimes éclatantes, aux pieds enfouis dans des gaves bouillonnants, qui rugissent avec furie.

Le premier sentiment, c'est l'étonnement et l'admiration, mais les impressions ne sont pas finies, et de nouvelles émotions attendent l'*ascensionniste* lorsqu'il se trouve au milieu des nuages que le soleil irradie. C'est un décor magique, c'est un rêve d'azur et d'or.

Tantôt les nuages ressemblent à des écailles de nacre brillante, frangée de pourpre, tantôt ils restent blanc mat et floconneux comme de l'ouate. Ceux-ci ont la transparence d'une gaze, ceux-là sont épais et lourds comme un morceau de drap. Suivant les jeux de lumière, les effets changent à l'infini ; c'est comme un gigantesque kaléidoscope qui se déroule sous les yeux. On peut y voir tout ce qu'on veut, et quand la vision est terminée, l'homme rentre en lui-même et réfléchit. Ah ! qu'il se trouve petit devant ces grands spectacles !

Ces monts proclament la gloire du Très-Haut, du Dieu créateur de toutes choses et celle aussi de la douce Vierge Marie, lorsque l'on va comme toi s'agenouiller et prier à son sanctuaire béni.

« La Salette fut cette montagne choisie par le Seigneur pour faire un traité avec les hommes. Sur ses sommets déserts la Vierge fit briller l'arc-en-ciel de l'espérance. »

Oui, tu fais là un beau voyage et un saint pèlerinage, dont tu rapporteras une ample moisson de délicieux souvenirs.

A mon tour, je viens, fidèle à ma promesse, te raconter mes impressions de voyage. Tu veux un journal détaillé? tu l'auras, et même en partie double. Suzette qui m'accompagne, n'ayant rien à faire ou à peu près, écrit aussi son journal.

J'ai le bonheur de posséder une femme de chambre lettrée, et je ne m'en doutais pas. Elle a peut-être passé des examens, mais elle ne m'en a jamais parlé. Ces diplômes inutiles, qui ne pouvaient en faire qu'une déclassée, elle a eu le bon esprit de les oublier pour rentrer dans sa condition et rester dans la vie pratique.

Un bon point à Suzette, qui d'ailleurs est infiniment plus heureuse comme femme de chambre de bonne maison, appréciée de ses maîtres, qui savent récompenser ses excellentes qualités, qu'elle ne le serait comme petite institutrice, courant le cachet, à la recherche d'une position peut-être aussi imaginaire qu'introuvable. Dame! les bacheliers et les bachelières courent les rues maintenant.

Elle m'a confié sa prose en me demandant d'y faire toutes les retouches que je voudrais. A part quelques corrections absolument nécessaires et les fautes d'orthographe, peu nombreuses d'ailleurs, j'ai mieux aimé lui laisser son cachet.

Elle juge l'Angleterre à son point de vue, et ce qu'elle écrit n'est pas mal tourné. Je soupçonne qu'outre ses goûts littéraires, Suzette possède encore un penchant prononcé pour l'art de gueule ; elle était née cuisinière !

On assure que tout cordon-bleu doit être gourmand pour être bon; or Suzette me paraît s'occuper beaucoup fort, suivant en cela l'exemple des Anglais, de ce qui se boit et de ce qui se mange.

Bref, nos deux narrations se compléteront l'une par l'autre. Puissent-elles t'intéresser, te donner une idée vraie et juste des pays que nous visitons, un aperçu fidèle de Londres, la plus grande cité du monde, d'Oxford, une des plus jolies villes d'Angleterre, et des charmantes îles anglo-normandes, les perles de cette Manche, qui devrait s'appeler mer de Bretagne ou de Normandie.

JOURNAL DE SUZETTE

Madame m'emmène dans son voyage d'outre-mer; ce n'est pas que cela me fasse grand plaisir !

Mon Dieu ! faites que nous ayons beau temps, que je n'aie pas le mal de mer. Mon Dieu ! faites que je puisse voir quelque chose, et que je sois plus heureuse que mon amie, la femme de chambre d'en face qui, en fait de Jersey, n'a vu que son parapluie, et en fait d'agrément, n'a connu que les émotions d'une tempête.

Ce voyage ne me sourit guère, je l'ai dit à Madame, mais j'irai quand même, afin de lui montrer que je lui suis attachée. C'est la bonne manière de lui prouver mon dévouement.

JOURNAL DE MADAME

Jersey, sa constitution, ses beautés naturelles

Je commencerai donc par ces îles charmantes, ces deux sœurs, reines dans l'archipel des îles normandes, qui se nomment Jersey et Guernesey. Je t'en envoie les principales vues ; ces photographies veulent dire : je pense à toi, mais je n'ai pas le temps de te l'écrire.

La pensée a des ailes, c'est vrai : instantanément elle franchit l'espace et se retrouve auprès de ceux qu'elle aime ; malheureusement il lui faut plume et encre, papier et main dirigeante pour qu'elle puisse se traduire et prendre une forme sensible, et voilà pourquoi beaucoup d'aimables communications, de tendres épanchements, n'arrivent jamais à destination.

Le *Time is money* des Anglais est aussi le proverbe des voyageurs, qui ont tant de choses à voir, qu'ils sont forcés de compter les heures... même les minutes.

Voici d'abord quelques renseignements qui te mettront au courant des institutions de Jersey, de son organisation, de sa vie morale en un mot :

« L'île de Jersey s'administre elle-même, sous le protectorat de l'Angleterre. Elle possède ses Etats et sa Cour de Justice. La langue officielle du pays est le Français. Les lois sont promulguées en Français, la Justice est rendue en Français; mais nul Français n'a le droit d'acquérir une propriété foncière dans l'île, ni de remplir une charge ou fonction publique.

« L'île est divisée en douze paroisses : St-Hélier, — St-Sauveur, — St-Martin, — la Trinité, — St-Clément, — Grouville, — St-Laurent, — St-Pierre, — Ste-Brelade, — St-Jean, — Ste-Marie, — St-Ouen.

« Chaque paroisse s'administre elle-même. Elle possède son Eglise reconnue par l'Etat, desservie par un Recteur et son Administration municipale qui se compose : du Connétable ou Maire, des Centeniers ou Adjoints, des Vingteniers, des Officiers du Bien-Public et des Surveillants.

« La paroisse de St-Hélier formant à elle seule la moitié de la population de l'île, il en résulte que son Administration municipale est beaucoup plus complète et que la charge du Connétable, quoique honorifique, n'est pas une sinécure.

« Le Maire ou Connétable a la charge de la police de la ville. Il a pour le seconder six adjoints nommés Centeniers, sept Vingteniers et vingt-quatre Officiers du Connétable.

« Toutes ces fonctions sont honorifiques et conférées pour trois ans à l'élection.

« Les Centeniers et les Officiers du Connétable maintiennent l'ordre dans la ville, avec l'aide de dix agents de police salariés.

« Les Centeniers sont spécialement chargés de faire rentrer les contributions foncières et mobilières dans leurs vingtaines respectives et de remettre les fonds au Connétable.

« Le Connétable convoque et préside le Conseil municipal qui prend le nom d'Assemblée de Paroisse. Tous les propriétaires fonciers de la paroisse, inscrits sur la liste des contributions foncières pour cent vingt *quatiers*, font de droit partie de cette Assemblée.

« Le Connétable tient tous les matins, à l'Hôtel-de-Ville, une audience qui a quelque rapport avec les audiences de conciliation, tenues par nos Juges de Paix. Les Centeniers présentent à sa barre toutes les personnes arrêtées la veille pour ivresse, tapage nocturne, etc, etc. Il admoneste les uns et les fait remettre en liberté, s'il y a lieu, ou renvoie devant le Tribunal correctionnel les récalcitrants et les récidivistes. Il concilie également les parties entr'elles et les ramène à la paix.

« Le Gouverneur de l'île est nommé par la Reine. Il est spécialement chargé de la partie militaire et commande en chef toutes les forces de l'île. Il a, à cet égard, les pouvoirs les plus étendus et les troupes du Protectorat aussi bien que la Milice de Jersey sont sous ses ordres.

La garnison anglaise se compose d'environ cinq cents hommes d'infanterie, casernés au fort Régent, et d'une batterie d'artillerie stationnée au château Elisabeth, devant l'entrée du port.

La Milice de Jersey est une sorte de garde nationale, dont le service est obligatoire et gratuit.

Tous les hommes valides, nés à Jersey, sont tenus de faire leur service dans la Milice, de dix-huit à trente-six ans. Cette obligation a créé quelques mécontents, une ligue anti-Milicienne s'est formée à Saint-Hélier, pour réclamer l'abolition du service obligatoire.

« La Milice ne peut être employée que pour la défense de l'île de Jersey.

« Le Gouverneur est généralement remplacé tous les cinq ans.

Le Bailli inamovible est également nommé par la Reine. Il est chargé de la partie civile et préside les Etats de la Cour Royale, où il prend le titre de Chef-Magistrat. Il nomme lui-même son ou ses Lieutenants-Baillis, chargés de le remplacer en cas d'absence ou de maladie.

« La Cour Royale compte douze juges qui prennent le titre de jurés justiciers ; ils sont inamovibles et nommés à l'élection par tous les électeurs de l'île. La Cour Royale se compose du Procureur général et de l'Avocat général, nommés par la Reine et qui prennent le titre d'officiers de la Couronne, du Vicomte, chargé de recueillir les successions des personnes décédées sans héritiers directs ; du Greffier, nommé par le Bailli, ainsi que le Commis-Greffier ; de l'Enregistreur des contrats ; du billetier et des Dénonciateurs. Puis viennent les Avocats, les Ecrivains ou Sollicitors (avoués), les Notaires publics et les Arpenteurs publics, tous assermentés devant la Cour.

Il existe aussi un Tribunal pour le recouvrement des petites dettes n'excédant pas deux cent cinquante francs, et un Tribunal de police correctionnelle présidés par un seul et même juge.

« La Cour d'Assises, avec le jury, se réunit tous les deux mois pour juger les affaires criminelles. Les jurés, au nombre de vingt-quatre, sont tenus au secret et ne communiquent avec personne pendant la durée de la session. Contrairement à ce qui se passe dans tous les pays, c'est la minorité qui a raison contre la majorité. Il suffit que cinq jurés trouvent l'accusé innocent pour qu'il soit acquitté, quand bien même les dix-neuf autres jurés le trouveraient coupable.

Une coutume du moyen-âge est encore conservée à Jersey, cela s'appelle les Assises d'héritages. Le Gouverneur et tous les juges de la Cour siègent en robes rouges, et des hallebardiers munis de hallebardes sont échelonnés sur leur passage.

« Tous les Seigneurs des fiefs sont appelés devant les Assises d'héritages à répondre à l'appel de leurs noms, et les Prévôts de chaque paroisse déclarent s'il n'est rien survenu qui doive amener une augmentation des biens de la couronne dans leurs paroisses respectives.

« Les Assises d'héritages se tiennent deux fois par an : le jeudi qui suit le 4 mai et le jeudi qui précède le 11 octobre.

« Les Etats de Jersey se composent : des douze juges de la Cour ; des douze Recteurs des paroisses ; des douze Connétables et de quatorze Députés.

« Les Députés sont nommés pour trois ans à l'élection. Les électeurs de chaque paroisse votent pour un député ; les électeurs de la paroisse de St-Hélier votent pour trois Députés. Ne peuvent être électeurs que les sujets britanniques inscrits sur la liste des contributions foncière ou mobilière.

« Les Officiers de la Couronne ont le droit de siéger aux Etats, mais n'ont pas le droit de voter.

« Le Bailli qui préside les Etats a le droit de vote, mais n'a pas voix délibérative.

« Le Gouverneur siège aux Etats à la droite du Bailli. Il ne vote pas, mais il a le droit de frapper de son *veto* toute loi ou résolution qui lui paraîtrait de nature à compromettre les intérêts généraux de la Communauté, ou de menacer la sécurité des institutions. Dans ce cas, il doit en référer au Conseil Privé de Sa Majesté Britannique qui décide en dernier ressort. »

Les Jersiais sont très fiers de leur île, et parlent sans cesse de ses beautés naturelles.

« Les côtes dont l'île est entourée offrent généralement des paysages grandioses et pittoresquement sauvages, des plages magnifiques et de nombreuses baies d'une variété infinie. L'intérieur de l'île abonde en sites ravissants : ce sont des collines et des vallons superbes, des prairies fertiles et des allées ombreuses et touffues, des serres vignobles et de délicieuses villas coquettement encadrées dans la verdure et les fleurs. En un mot l'île de Jersey est un vaste jardin qui possède en miniature toutes les beautés répandues sur la surface du globe. » (Toujours modestes, les Anglais). J'ajouterai encore à l'actif de leur île que le climat y est doux et tempéré. La glace et la neige y sont un évènement; on n'y éprouve jamais de grands froids ni de fortes chaleurs ; l'hiver est pluvieux, mais court. Le seul inconvénient est le vent d'Est qui souffle parfois violemment au printemps.

En somme, c'est un pays agréable à habiter, mais surtout charmant à visiter.

JOURNAL DE SUZETTE

Le bateau va se mêttre en marche, les mains se serrent avec effusion. La vapeur mugit, l'ancre est levée, on part, on est parti, les chapeaux s'agitent ; puis, au fur et à mesure qu'on s'éloigne, on voit quelque chose de blanc flotter au-dessus des têtes, c'est le salut du mouchoir de poche, l'adieu classique dans les ports de mer, Au revoir, chère France, à bientôt, j'espère.

JOURNAL DE MADAME

CHAPITRE III

Traversée de St-Malo à Jersey, Le cataclysme du VIII° siècle.

La traversée de St-Malo à Jersey ne dure guère plus de trois heures en temps ordinaire ; c'est encore long pour les cœurs sensibles, et quelle vilaine ombre au tableau quand cet affreux mal de mer s'empare de vous ! Cette souffrance sans remède vous absorbant complètement ne vous permet plus de jouir de rien. Mais, cette fois la mer était si belle que personne n'a été malade. Vers le milieu du trajet, la terre disparaît aux regards, et l'on peut pendant quelques instants se donner les illusions d'une traversée lointaine, le navire n'est plus qu'un point dans l'espace. Après avoir passé le grand écueil des Menquets, une ligne qui ressemble à un nuage, un long ruban grisâtre se dessine à l'extrémité de l'horizon et les jeunes passagers, les collégiens se donnent le plaisir de crier : terre ! terre ! comme après un voyage au long cours.

Nous sommes loin du temps où Jersey appartenaît presque à la terre ferme, loin du cataclysme qui brusquement sépara Jersey du continent. Les flots emportèrent tout et ne laissèrent qu'une chaîne de rochers sous-marins et d'écueils ; c'est là le secret des lames courtes de la Manche et ce qui la rend le long de nos côtes plus mauvaise que l'Océan.

Au commencement du huitième siècle, avant le cataclysme mentionné dans l'histoire, Jersey n'était séparé du continent que par un petit bras de mer très étroit que l'on passait généralement à gué, et dans certains endroits sur une planche qui servait de pont. Dans les vieilles chartes, on cite la famille Bonissant comme devant fournir la planche ou la nacelle sur laquelle l'évêque de Coutances doit passer pour aller visiter les fidèles de son diocèse habitant Jersey. On lit encore dans un vieux manuscrit du treizième siècle (1) que le seigneur Guillaume de la Paluelle parlant à Robert Doissy, capitaine de St-James, lui dit : Si les eaux n'avaient pas au temps jadis submergé le manoir de mes pères, je vous prouverais que je suis de noblesse gauloise.

C'est en 709, pendant que les moines du Mont St-Michel, dont le monastère était récemment fondé, étaient allés chercher des reliques au Mont-Gargan que la mer poussée par les grandes marées équinoxiales et une terrible tempête de l'ouest sépara

---

(1) Ce manuscrit fait partie des collections de M. Guitton de la Villeberge, d'Avranches.

Jersey du continent (tous les manuscrits de cette abbaye l'attestent). Pendant cette tempête formidable les flots creusèrent la baie du mont St-Michel, telle qu'elle existe actuellement, engloutissant dans leur marche désordonnée les villages et leurs habitants, les églises, les monastères et l'immense forêt appelée Koquelonde au sud et Scissy à partir de Granville jusqu'à la pointe de la Hague. Les flots ne s'arrêtèrent que devant l'ossature granitique de Jersey et des îles environnantes. Depuis, la mer a continué son œuvre de séparation « On constate, à partir de Dunkerque jusqu'à Bayonne des envahissements ou des relais de la mer qui a toutefois beaucoup plus gagné de terrain qu'elle n'en a perdu sur certains rivages, notamment dans les environs de Bordeaux et sur les côtes de Normandie et de Bretagne ; elle a conquis en plusieurs endroits des bandes de territoires ayant plus de quarante kilomètres de largeur.

« Quelques-uns de ces envahissements sont plus récents, et on a sur leur date des documents authentiques, que la découverte faite sous la mer de grandes forêts vient chaque jour justifier.

JOURNAL DE SUZETTE

Nous voici donc à Jersey sans encombre. La mer s'est montrée tranquille, mon cœur aussi.

Je lis dans notre guide que Jersey compte soixante mille habitants dont la moitié réside à

St-Hélier, ville principale. La surface de cette île est de vingt-deux kilomètres de longueur sur quinze de largeur. Elle est située à trente lieues de l'Angleterre, à douze lieues de St-Malo et à huit lieues seulement de Granville.

Au dire des indigènes, Jersey reçoit de tous les étrangers un tribut continuel d'éloges, c'est un pays plein d'agréments. Je vois que ces bons Anglais pratiquent chez eux l'admiration mutuelle et perpétuelle.

JOURNAL DE MADAME

CHAPITRE IV

L'aspect de Jersey, quelques mots de son histoire, la ville de St-Hélier.

L'île de Jersey tout en étant parfaitement fortifiée a un air avenant qui gagne tout de suite les bonnes grâces de l'étranger. Ce n'est pas comme Malte qui commande la route des Indes et apparaît bardée de fer semblable à un antique chevalier revêtu de son armure. Ce n'est pas comme Chypre enceinturée de fortifications à triple étage et que les Anglais ont rendue imprenable. Ce n'est pas comme Gibraltar, « ce vieux geôlier de la Méditerrannée qui, de ses batteries caverneuses, ouvre ou ferme les portes de l'Orient. » Non, c'est une île hospitalière et charmante qui cherche à faire oublier ses défenses sous des sourires, des parfums et des fleurs. Je comparerais volontiers Jersey à une jolie chatte bien élevée, polie, faisant patte de velours, ce qui ne l'empêcherait pas au premier signal d'alarme de montrer griffes et crocs, c'est-à-dire des forts pleins de munitions et des batteries redoutables. Hélas, il faut bien le reconnaître, Jersey est une sentinelle avancée de la grande Bretagne sur les côtes de France. Ses ports et ses anses pourraient abriter une escadre entière. Ses provisions suffiraient pour entretenir une armée, laquelle s'élançant de ses rochers escarpés, de ses falaises déchiquetées, défenses non moins redoutables que les forts et les canons, chasserait facilement l'ennemi.

Des points élevés de l'île on aperçoit les sables dorés des plages normandes et les lointaines et vaporeuses rives bretonnes ; de la Grande-Bretagne il n'est nullement question, impossible de l'apercevoir.

Oh oui, c'était bien une terre française, autrefois, avant la conquête de l'Angleterre par Guillaume le Conquérant.

Au dixième siècle, Charles-le-Simple donna à Rollon la Neutrie. Le duc y ajouta les îles de la Manche, et Jersey devint ainsi une dépendance de la Normandie.

Au douzième siècle, Jean-sans-Terre ayant massacré Arthur de Bretagne **héritier** de Richard-Cœur-de-Lion, Philippe-Auguste et les Pairs de France le déclarèrent félon et le condamnèrent à perdre tout ce qu'il possédait comme duc de Normandie et vassal de la Couronne. Jean fut vaincu à Alençon et se réfugia en Angleterre. C'est à cette époque que Jersey se donna irrévocablement à l'Angleterre.

Chaque année, vingt mille personnes environ viennent visiter l'île de Jersey et même y passer une saison. L'été, on la recherche pour les bains de mer, l hiver, pour son climat privilégié d'une extrême douceur, quoique humide. Jersey possède un musée, un théâtre, plusieurs bibliothèques, une chambre de commerce et différents établissements philantropiques. Les gens qui ont la rage de tout voir peuvent visiter l'hôpital général, la prison, la maison de correction ; ce sont de beaux établissements, mais j'avoue que je n'ai point été tentée par l'assemblage de toutes les misères physiques et morales qui se retrouvent, hélas ! partout où il y a des agglomérations humaines. *King-Street* est le *corso* de Jersey: larges trottoirs en granit et beaux magasins bordent cette grande voie des deux côtés. Sur la place royale dite *the royal square* s'élève une statue de pure fantaisie, un empereur romain toge en tête, auquel ne se rattache aucun souvenir.

Les étrangers sont faciles à tromper : aux uns,

on dit que cette statue est celle du roi Georges II ; aux autres, qu'elle représente Pierson, tombé là en défendant son île.

Cette place est pavée de larges dalles de granit et pourrait tenir lieu de *Salle des pas perdus* au palais de justice que les vieux habitants, se servant d'une expression légèrement ironique, appellent *La Cohue royale*. C'est là que siègent les Etats de Jersey. A l'extrémité occidentale de la place, on aperçoit l'église paroissiale de St-Hélier qui, sous le rapport de l'architecture, nous reporte à l'enfance de l'art : muraille effritée, toit bossu, tour carrée, trouée à son front d'un cadran comme un œil de cyclope, voilà l'extérieur; l'intérieur n'est pas plus remarquable. Cependant, vu son âge, — sa fondation date de 1341, — on peut la considérer comme bien conservée, et le temps l'a ointe de cette patine particulière qui est le sacre des siècles. Nous sommes loin des nefs élancées, des voûtes aériennes, des ogives festonnées, des portiques dentellés, de ces basiliques solennelles où Dieu semble apparaître dans toute sa majesté; mais on peut aussi considérer cet antique monument à un autre point de vue. Sa conservation dans son état primitif prouve le respect et l'attachement que les Jersiais ont pour les choses saintes ; ce vieil édifice resté immuable au milieu de maisons plusieurs fois reconstruites, ce vieil édifice qui a vu tant de choses changer, tant d'hommes mourir, apparaît comme une image de l'éternité, même de Dieu.

Le collège Victoria, situé sur le *Mont Plaisant*, une belle promenade bien plantée, d'où la vue s'étend sur toute la ville, attire l'attention des touristes. On aperçoit de loin ses tourelles octogones et son fronton orné des armes d'Angleterre et de Jersey. Bâti dans un style ogival, ce bel édifice, suivant nos idées, conviendrait beaucoup mieux à une église qu'à un établissement scolaire. Toutes les sciences, les littératures anglaise et française, les langues vivantes et mortes y sont enseignées par des professeurs habiles. Le directeur est un ecclésiastique distingué de l'Université de Cambridge. Ce collège est pour les Anglais ce qu'est ici notre établissement de Jésuites pour les Français, lequel est aussi fort beau ; les études y sont fortes, et les Jésuites élèvent là une pépinière de jeunes français intelligents et studieux qui feront certainement honneur à leur patrie. Nous avons visité ce dernier établissement avec un vif intérêt.

La plus belle promenade, c'est la *Parade*, immense place plantée d'arbres avec des carrés de verdure; au milieu se trouve la statue d'un ancien gouverneur de Jersey, le général Don, qui a beaucoup amélioré cette île en y créant des routes carrossables. Le plus bel hôtel est le palais de cristal, le plus beau fort est le fort Régent. Les fortifications fixent l'attention des gens du métier.

Le fort Régent, à cent cinquante mètres au-dessus du niveau de la mer, surplombe le port qui, rempli de navire de tout tonnage, prouve par son animation l'état prospère du commerce de Jersey. Les quais énormes sont à deux étages, le supérieur offre une promenade agréable. L'esplanade et la jetée sont très fréquentées le dimanche par la population féminine cosmopolite surtout, car les Anglaises, pure race, restent chez elles le jour dominical. Les promeneuses dans leur ensemble sont très barriolées de couleurs vives. Ce n'est pas le bon goût qui brille dans les toilettes anglaises ; il leur manque le chic, un je ne sais quoi qui ne se définit pas, mais qui est le cachet de distinction qu'on aime à retrouver dans les costumes féminins. La mode doit être bien mal à l'aise ici. Tout en cherchant à lui rendre hommage on ne lui fait guère honneur.

La jeunesse offre de très jolis spécimens de beauté; la fraîcheur du teint est remarquable. Malheureusement la beauté chez les blondes filles d'Albion s'effeuille comme les roses, les teints éblouissants durent peu, les traits grossisent, les dents allongent d'une manière effrayante, et, en quelques années, beaucoup de jolies personnes deviennent positivement très laides.

JOURNAL DE SUZETTE

Madame me fera faire de temps en temps quelques jolies promenades avec elle, mais le matin je puis sortir seule et j'en profite pour voir les marchés, visiter les magasins, connaitre les habitudes et les idées de ces Anglais là, On dit que nous nous tenons par la *Manche* ; je constate que nous n'en sommes pas plus amis pour cela, comme dit Madame. Il n'y a qu'à lire l'histoire, pour voir qu'en tout temps, les Anglais et les Français, s'aiment à rebours.

Toutes les hôtelleries ont une méthode pratique des plus simples pour vous recevoir. Que vous arriviez le jour ou la nuit, le soir ou le matin, le couvert est toujours mis et le repas toujours prêt. Par exemple, c'est la même chose partout: jambon excellent, rosbeef énorme dans lequel on taille jusqu'à extinction, homards frais. Ce crustacé, malgré l'énorme consommation qui s'en fait, reste fidèle à son île et fournit à tous ses besoins.

Des pommes de terre en robe de chambre sont le seul plat chaud qu'on trouve facilement ; le potage est inconnu des Anglais ; le plum-cake, sorte de gâteau de Savoie, assez lourd, aux raisins de Corinthe, est le dessert habituel ; le plum-pudding, plus relevé, plus lourd aussi, est un dessert de luxe, c'est le gâteau traditionnel de

Christmas, ce jour là il se retrouve sur toutes les tables, riches ou pauvres.

Nous sommes loin des plats recherchés, des sauces variées de la cuisine française, mais ce menu a du bon, il est sain et ne fait point attendre le touriste pressé de manger et de repartir.

JOURNAL DE MADAME

CHAPITRE V.

Le Marché.

J'engage les personnes qui restent peu de temps à Jersey à y passer le samedi. Ce jour là, à partir de quatre heures de l'après-midi c'est un mouvement et une agitation extraordinaire dans toute la ville. Que se passe-t-il donc ? une chose toute naturelle, c'est le jour du grand marché, et l'on fait les provisions du dimanche. Ce grand marché dure jusqu'à minuit, et tous les magasins restent ouverts.

Les halles éclairées à giorno présentent l'aspect d'une ruche humaine bourdonnante et travailleuse: ce sont des allées et des venues continuelles, chacun se faufile comme il peut au milieu de centaines d'étales couvertes de viande, de poisson, de légumes, de fruits et de fleurs.

Les domestiques de grandes maisons, les petites bourgeoises, les ménagères de l'humble foyer sont là, faisant une grande partie des emplettes de la semaine. Au coup de minuit, tout se ferme et s'éteint, la foule disparaît comme par enchantement. C'est le jour du Seigneur, le jour du repos absolu et du rigorisme anglican dans toute son éclosion. Pas un protestant convaincu ne voudrait s'acheter pour dix centimes de pain. A ce propos, chère Augustine, écoute la bonne histoire que voici :

L'an dernier, une de mes amies et ses deux filles passaient la saison balnéaire à Jersey. Elles avaient loué une jolie villa éloignée du centre de la ville et s'y plaisaient beaucoup. Elles ne se doutaient guère de la vive émotion qui les attendait le premier samedi de leur arrivée. Ce matin même elles avaient fait une commande chez l'épicier. Le soir, vers onze heures trois quarts, elles sont réveillées en sursaut par un coup frappé à leur porte. Qui pouvait venir à cette heure indue ? Elles prêtent l'oreille, et, dans le silence de la nuit, distinguent très bien le frottement d'une première allumette, puis d'une seconde, un point lumineux jaillit un instant. Ah ! mon Dieu, dans ce quartier désert, sont-ce des voleurs qui, sans crainte d'être dérangés vont faire les choses à leur aise? La plus brave se glisse jusqu'à la fenêtre, elle aperçoit un homme porteur d'un long objet qui ressemble à un fusil. Plus de doute, ce sont des assassins ? Mais on dit qu'il n'y en a pas à Jersey ! Pendant un moment leur anxiété est grande. Puis tout rentre dans le calme, on entend seulement le bruit de pas furtifs qui s'éloignent. Ces dames, très agitées, ont peine à se rendormir et font des rêves affreux. Au réveil elles se demandent d'abord si elles n'ont pas été le jouet d'un cauchemar. Non, les deux allumettes, preuves matérielles et palpables, sont encore là sur le perron.

C'est le lendemain chez l'épicier qu'on trouva la clef de l'énigme. La grande frayeur de ces dames était le fait d'une main bien innocente, de celle du petit commis de l'épicerie qui venait à l'heure où l'on peut encore se présenter, quoique ce fût la dernière heure de la journée, apporter leur commande, un pain de sucre et un balai. C'est ce modeste ustensile de ménage que la plus brave de ces dames prenait pour un fusil. Le coup des allumettes s'expliqua aussi bien : le petit commis, étonné de trouver une maison si endormie, avait tiré deux allumettes, la première s'étant montrée récalcitrante, pour voir s'il ne s'était pas trompé de numéro, mais une judicieuse idée l'avait empêché d'insister. Il s'était dit qu'il n'y a que des Françaises à pouvoir être couchées à cette heure là le samedi. Et voilà comme quoi à Jersey, le jour du grand marché, jusqu'à minuit, il ne faut s'étonner de rien.

JOURNAL DE SUZETTE

Les marchés sont nombreux et bien approvisionés. Comme j'y suis allée de bonne heure, plusieurs marchandes me priaient d'*élerner* (étrener).

Sauf le chauffage au bois, les domestiques et le vin, la vie ne semble pas trop chère. Ne payant que peu ou point de droit, l'épicerie et les denrées coloniales sont à des prix inconnus en France, la cassonnade brute coûte dix centimes la livre, le bon café un franc vingt centimes, le plus excellent thé deux francs quarante centimes, la bougie soixante centimes. Les fruits exotiques abondent; grenades, oranges, ananas, cocos sont pour rien.

Il y a peu d'arbres fruitiers ici, mais en revanche, la spécialité de Jersey et de Guernesey, ce sont les raisins de serre. Quand je dis serres, c'est une manière de parler, ce sont des kilomètres de constructions toutes vitrées, remplies de treilles d'une abondance extraordinaire et d'un produit considérable. On y cultive les meilleures espèces connues; grappes blanches, roses, rouges, noires, pendent de tous les côtés. Ces raisins merveilleux doivent descendre en ligne directe des vignes de Chanaan.

Malheureusement le vulgaire doit se contenter de la vue de ces beaux raisins et les regarder à la façon de Moïse qui voyait la Terre promise sans pouvoir l'aborder.

Dès la fin de février, les expéditions commencent pour Londres d'abord, puis pour toutes les tables royales et princières de l'Europe. Au fort de la saison, d'innombrables paniers de raisins partent des ports de Jersey et de Guernesey et vont alimenter les grands marchés d'Angleterre.

La viande est à peu près au même taux qu'en France, vingt à vingt-quatre sous la livre. La poissonnerie est abondante, Jersey et Guernesey sont la patrie des homards. Ce qu'il y a encore de fort agréable, c'est qu'on vous apporte tout à domicile, le porte-monnaie s'en ressent bien un peu à cause de la bonne main, mais c'est égal, quelle commodité pour les domestiques, pour les cuisinières surtout !

Les vaches justifient leur réputation, elles fournissent du lait et du beurre exquis.

Je ne pense pas qu'il y ait beaucoup d'œufs à Jersey, par la raison fort simple que je n'y vois pas beaucoup de poules. On les fait venir d'ailleurs; les marchés de Bretagne sont là pour ça.

Dans la campagne Jersiaise, on ne voit ni ces troupeaux de poules ni ces énormes fumiers qui ornent la cour de toute bonne ferme chez nous. Les fumiers ne sont pas d'un bon effet, j'en conviens; mais ils sont pour la gente gallinacée, picorant autour, un vrai grenier d'abondance, aux inépuisables provisions.

La pomme de terre est un des principaux produits de l'île. On y fabrique aussi d'excellent cidre, mais il n'est pas plus pour les petites bourses que le vin et le raisin : l'eau et la bière, voilà la boisson ordinaire du pays.

JOURNAL DE MADAME

CHAPITRE VI

J'ai employé le plus de temps possible à visiter, suivant l'expression consacrée, les beautés naturelles de l'île, dont je fais deux parts bien différentes : l'une, la plus petite, sauvage, stérile, hérissée de roches tourmentées par les flots en démence ; l'autre, riche, fertile, cultivée, ressemblant à un parc immense. De riants cottages, de blanches villas, de jolies demeures isolées sont semées dans toute l'île, comme des pions sur un échiquier. C'est partout un peu la même chose, et cependant cet aspect est si gai, si ensoleillé, qu'il exclut la monotomie. Des jardinets soignés, une grande propreté, un air d'aisance, tel est le cachet de la campagne jersiaise.

J'accorde aussi une mention spéciale aux vaches.

Ah ! la jolie race ! tête fine, formes parfaites, robe soyeuse, enfin le type accompli des vaches pure race normande, car les habitants de l'île s'y prennent de manière qu'il n'y ait jamais de croisement chez eux. Elles sont du reste aussi bonnes que belles, le lait et le beurre qu'elles donnent sont de qualité extra-supérieure.

Je me suis laissé dire que les Américains paient les vaches jersiaises dix, quinze et même vingt-cinq mille francs. Ceci sans doute est l'exception. Mais il n'est pas rare de voir vendre ces vaches cinq et six mille francs.

Nous avons fait presque toutes nos excursions dans les grands *cars* : le regard fouille partout, et c'est plus amusant. Par exemple, beaucoup de routes sont trop étroites, il n'y a place que pour une voiture. De temps en temps, on trouve une sorte de relai de terrain où l'on se gare quand on entend un autre véhicule arriver. Malheureusement on ne se croise pas toujours à l'endroit psychologique ; l'on se rencontre face à face, et comment passer ? la plus légère voiture recule pour faire place à l'autre, parfois il faut dételer et rétrograder assez loin.

JOURNAL DE SUZETTE

Les récoltes se font dans de grands chars fort élégants pour des charrettes de fermiers. Je soupçonne ces fermiers d'être surtout des maraîchers : toutes les cultures sont superbes, les feuillages énormes, les arbres vigoureux. Cette puissance de végétation s'explique facilement, elle est due au Gulf-stream : ce courant chaud qui vient d'Amérique, traverse en conservant sa couleur et sa chaleur les vagues de l'Atlantique et vient ainsi fertiliser toutes les terres qu'il baigne et leur apporter l'abondance. Les promenades dans les grands *cars* à vingt places très haut perchés sur roues, attelés de quatre chevaux sont charmantes. Ces cars rayonnent dans toutes les directions et cette manière de voyager ne manque pas de pittoresque : ce véhicule n'est point banal, ce n'est ni le fiacre étroit, ni la tapissière morose, ni l'omnibus fermé, ni le confortable landau qu'on trouve d'ailleurs facilement à louer, c'est quelque chose de plus original que tout cela, c'est un char-à-bancs perfectionné d'où la vue embrasse un vaste horizon, et voilà pourquoi ce genre de locomotion me plaît. Les routes sont tout à fait agréables, quelques-unes un peu trop étroites seulement ; au lieu de grandes routes rigides et poudreuses comme j'en connais tant, ce sont de jolis chemins ombreux, quelques-uns même recouverts d'un dôme de verdure ; une herbe fine et épaisse borde la route des deux côtés ; les talus dans leur robe verte parsemée de fleurs champêtres sourient à votre passage ; c'est tout à fait coquet.

JOURNAL DE MADAME

Le Château Elisabeth

Le château Elisabeth avec ses casemates et sa vieille tour, ses remparts grisâtres et les rochers énormes qui forment sa base et se massent tout à l'entour comme pour le défendre, le château Elisabeth qui s'élève à un kilomètre environ de la ville et que chaque marée isole de la terre ferme présente un aspect imposant. Il a remplacé sur son rocher l'antique abbaye de St-Hélier fondée il y a plusieurs siècles par un gentilhomme normand. Ce monument religieux fut supprimé sous Henri VIII, peu après sa rupture avec le Saint-Siège. On posa, en 1551, les premiers fondements du château qui devait porter le nom de la reine

Elisabeth, fille de Henri VIII ; les travaux durèrent cent trente ans, et le château ne fut achevé qu'en 1688. Ce fut la dernière forteresse qui se rendît aux Parlementaires sous Cromwell. Il subit un long siège et n'ouvrit ses portes qu'après avoir épuisé ses munitions de guerre et de bouche, et obtenu une capitulation honorable.

Les deux fils de Charles 1ᵉʳ, après la décapitation de leur père vinrent à Jersey et habitèrent ce château, jusqu'au moment où, les troubles civils s'étant calmés, l'aîné put remonter sur son trône. C'est aussi pendant qu'il était retiré au château Elisabeth que lord Clarandon écrivit la plus grande partie de son admirable ouvrage sur l'histoire de son pays. Non loin de ce château se trouve le *Rocher de l'Ermitage*, pieux souvenir qui remonte au berceau du Christianisme. Séparé de la terre ferme, on ne l'aborde que difficilement. Il faut en outre gravir un escalier étroit taillé dans les roches et qui conduit à la grotte. L'entrée voûtée en maçonnerie existe depuis des siècles ; elle défie comme le roc lui-même la fureur des éléments. C'est là qu'Hélier passa une grande partie de sa vie en ce lieu si propre à la méditation religieuse ; en contemplation devant ces deux infinis qui lui parlaient de Dieu, la mer et les cieux. Sur le sommet du rocher s'étend une petite plate-bande de verdure, c'était son jardin.

La Tour de Hougue-Bie

Notre première promenade *extra muros* a été pour la tour jumelle de Hougue-Bie ou tour du Prince's tower. Elle s'élève sur un monticule artificiel, planté de beaux arbres dont les fronts chevelus rivalisent en hauteur avec la tour même. Ce site est l'un des plus jolis de l'île. Un sentier serpente autour du monticule et conduit à l'entrée de la tour. De son sommet on aperçoit presque toute l'île ; le regard peut suivre le contour de ses côtes, les échancrures de ses baies, les ondulations capricieuses de ses vallées, les cimes altières de ses monts, les habitations semées comme des points blancs dans la verdure, les églises et les clochers, puis tout autour l'infini, le ciel et l'eau confondus dans un horizon bleu. Quand l'air est tout à fait limpide, on aperçoit les rives françaises, et même la cathédrale de Coutances. De là aussi le regard domine la longue rangée de rochers nommés les Ecréhous, non dénués de verdure, et sur lesquels les pêcheurs ont élevé quelques cabanes de refuge que la mer laisse à sec.

L'une d'elles est, paraît-il, habitée depuis fort longtemps par un pêcheur, maître Philippe

Pinel surnommé le roi des Ecréhous. Il ne quitte jamais son empire et passe sa vie au milieu des flots ; il vit de la vente de ses pêches et des vivres que les autres pêcheurs veulent bien lui apporter.

Après avoir admiré tous les points de vue, nous avons visité l'intérieur de la tour. A notre grande surprise, notre guide nous a montré le fauteuil où s'asseyait Godefroy de Bouillon. Nous nous trouvions plusieurs bretons ensemble.

— Quel anachronisme ! Vous vous trompez, Godefroy de Bouillon n'est jamais venu dans ce pays-ci, et ce fauteuil n'a rien d'ancien.

— Je ne me trompe pas, a répondu notre cicérone. Nous nous sommes récriés de plus belle :

Peste ! un siège vénérable comptant huit siècles de date... Est-ce donc à Jersey qu'il faut venir pour apprendre l'histoire de France ! nous nous sommes mis à rire, et le guide a repris d'un air absolument convaincu :

— Je le répète, voilà le fauteuil où s'asseyait Godefroy de Bouillon.

Ces Anglais ont un flegme qui vous désarçonne ! Les appartements, qu'on appelle pompeusement la salle, la bibliothèque, la chambre et la chapelle de médiocre dimension et très délabrés n'offrent rien de remarquable.

Revenus enchantés de notre excursion, mais intrigués de l'affirmation si catégorique de notre guide, nous sommes allés aux renseignements. Le monticule de Hougue-Bie fut à l'origine un mausolée élevé par une veuve fidèle à la mémoire de son mari traîtreusement assassiné par ses serviteurs. Le nom de Tour du Prince est de date récente et lui vient d'un Prince de Bouillon (nous sommes loin de Godefroy) qui, ayant pris du service à la fin du siècle dernier, chez les Anglais, en qualité d'amiral, avait fait installer à Hougue-Bie un télégraphe porte signaux à l'aide duquel il était parvenu à établir, après l'exécution de Louis XVI, une correspondance assez régulière avec les émigrés qui fuyaient la terreur.

Le Château Mont-Orgueil

Mont-Orgueil, un nom qui convient également à l'esprit anglais et au château qui le porte. Si l'on pouvait appliquer aux bâtiments le mot *snob* inventé pour la race britannique, je dirais que Mont-Orgueil est le plus snob des châteaux : d'apparence superbe, il n'est en réalité qu'une ruine que le génie anglais entretient et conserve scrupuleusement.

Ce château qui tient une grande place dans l'histoire de Jersey ne fut jamais un lieu de plaisance, mais une forteresse de premier ordre bâtie sur la partie de l'île la plus rapprochée de la France, à cent cinquante mètres au-dessus du niveau de la mer. Sa construction réunissait alors tout ce qui constituait une place imprenable. Le château Mont-Orgueil est défendu du côté de la mer par des rochers inaccessibles bizarrement taillés et s'escaladant à pic, les uns les autres ; battus de courants rapides et dangereux, ils s'opposent à tout abordage ; aussi, de ce côté-là, il n'y a pas de murailles, mais seulement quelques fenêtres grillées, étroites comme des meurtrières.

Du côté de la terre on retrouve quelque poésie dans ses hautes murailles coquettement drapées de mousse et de lierre. A l'intérieur, c'est un dédale de voûtes sombres, de portes basses, de corridors humides, d'escaliers tortueux, d'appartements lugubres. A l'extérieur, tours et bastions, pont-levis et fossés, créneaux et plates-formes donnent grand air à ce château qui se voit de très loin et dont l'aspect imposant semble commander la terre et les flots.

La grande porte d'entrée est l'un des plus beaux et des plus élégants spécimen de l'architecture normande. On y remarque au centre les armes de la Grande-Bretagne portant les initiales E. R. (Elisabetha Regina), avec le millésime de 1593, et de chaque côté un écusson. Celui de gauche avec ses trois épées abaissées et sa devise *Garde la Foi* représente les armes des Paulett qui furent pendant plusieurs générations gouverneurs du château.

L'écusson de droite est le même mais écartelé, des armes de Catherine Norris, femme d'Amias Paulett.

Malgré la date de 1593, il est facile de voir que ce portail et la tour massive qui s'élève au-dessus remontent à une plus haute antiquité et que les écussons incrustés dans la maçonnerie ont été rapportés. Montorgueil a subi bien des sièges. Sous Philippe de Valois, les Français s'en emparèrent et l'occupèrent trois ans ; un certain seigneur normand, du nom de Maulevrier, ayant fait surprendre par ses officiers le commandant du château, y domina pendant plusieurs années en souverain. Duguesclin fit vainement le siège de Montorgueil en 1374. C'est de ce siège mémorable que commence la gloire de la famille de Carteret, dont le nom joue un si grand rôle dans l'histoire de Jersey.

Surdeval s'en empara en 1490 et y tint garnison six ans. Les Français surpris à leur tour, et malgré une héroïque défense, furent forcés de capituler devant messire de Carteret, ancien gouverneur de l'île, aidé de l'amiral sir Richard Harliston qui en fit le blocus. Pendant les troubles civils les Paritains sous Cromwell s'y établirent. On montre la chambre qu'habita de temps en temps Charles II pendant son séjour dans l'île. La vieille chapelle qui sue l'humidité est dédiée à Saint Georges patron de l'Angleterre. Sa cripte basse, étroite, assise sur d'énormes piliers massifs a servi de sépulture à plusieurs gouverneurs du château, mais les tombeaux ont disparu. Il ne reste plus sous ces voûtes sombres et froides qu'une haute statue mutilée, celle de la Vierge.

Bandinelli, fougueux sectaire, brouillon politique, renfermé dans ce château tenta de s'évader en escaladant les rochers, mais la corde à laquelle il était suspendu ayant manqué, le malheureux vint se briser aux pieds du château.

On prétend qu'un camp romain existait là ; quelques pans de murs portent encore le nom de Fort-César.

JOURNAL DE SUZETTE

Je suis très contente des excursions que madame m'a fait faire. Les vallées dans l'intérieur de l'île sont ombreuses et supérieurement boisées. Ce que j'aime moins, ce sont les fortifications qui garnissent les falaises.

Elles sont là, debout, imprenables sentinelles, sur les côtes qui regardent la France.

On m'a offert une collection de fleurs collées sur un beau papier blanc, en m'assurant que la flore marine et terrestre est très riche à Jersey. Les fleurs desséchées, ça ne me dit pas grand chose ; je préfère un bouquet fraîchement cueilli et parfumé, je préfère les verdures et les fleurs d'une salle de restaurant bien servie ; parlez-moi de celui de Lecq qu'on nomme *Le Pavillon*, on y trouve tous les rafraîchissements désirables.

J'ai visité le fort Elisabeth et le château Mont-Orgueil. Du fort Elisabeth, on jouit d'une vue rapprochée, pleine de détails et de perspective. D'abord, le port de St-Hélier et sa forêt de mâts, le fort Régent imposant dominateur qui le protège, ensuite la ville aux maisons serrées, aux toits de toute couleur, bleus, rouges, jaunes qui se confondent et s'étagent pittoresquement, dominés par les flèches des églises, les cîmes fumantes des usines,...... puis viennent des amphithéâtres de verdure semés de cottages, de maisons charmantes, toujours plus riants, toujours plus riches, à mesure que l'œil les parcourt; plus loin, à gauche St-Aubin, la jolie ville italienne si gracieusement couchée au bas de ses montagnes éclatantes de genêts d'or, avec son petit port aussi et son gentil château dans la mer; enfin Noirmont sombre et farouche, éperon que le pilote ne double qu'en frémissant.

Du haut du fort Régent on jouit également d'un magnifique aspect, surtout si l'on s'y place à l'heure où les bateaux à vapeur, arrivant à la fois de France et d'Angleterre, versent dans l'île leur contingent de voyageurs : — à droite, la ville bourdonnante et fumeuse, mollement appuyée aux flancs de ses collines fleuries ; — devant soi, la baie de St-Aubin qui se déploie toute entière ; — à vos pieds, l'ancien port, avec le fort *Victoria*, tout cet ensemble est superbe, on voit à la fois, les nombreux navires qui s'agitent dans le port, les quais de granit qui retentissent d'activité, et la file de voitures qui courent dessus comme dans les rues d'une grande ville.

Le Château Mont-Orgueil est une espèce de ruine d'où la vue est splendide, mais un peu vague; elle se perd dans l'infini.

Au loin, l'horizon découpe les sinuosités de la Hague, jusqu'au cap Fréhel, avec les flèches de la cathédrale de Coutances au milieu.

La petite ville de Gorey s'élève aux pieds de l'antique château comme une jolie fleur au pied d'un vieux chêne. C'est dans son port que s'abrite la flotille de bateaux qui font la pêche à l'huître sur un immense banc qui se trouve à peu près à égale distance de Jersey et des côtes de France. Cette pêche dure neuf mois environ. Il a été nécessaire d'établir des limites que les pêcheurs des deux rivages ne peuvent franchir. Des cotres de guerre anglais et français croisent devant l'huîtrière pour protéger leurs nationaux. Comme la partie la plus productive est du côté de la France, les Anglais profitent des temps brumeux pour draguer les huîtres de nos parages et sont souvent pris en flagrant délit.

Il y a bien d'autres sites qu'on vante à qui mieux mieux ; moi, je trouve que c'est toujours la même chose, des montagnes et des vallées, des rochers et du sable, des villes et des campagnes, et par-dessus le marché, la mer, toujours la mer de quelque côté qu'on se tourne, à gauche, à droite, devant, derrière, c'est toujours la Manche, j'en suis saturée.

JOURNAL DE MADAME

La Religion Salutiste

Nous n'avons pas eu besoin d'aller au théâtre royal pour voir un spectacle des plus divertissants et pas banal du tout. J'ai assisté à une réunion de l'Armée du Salut. Cela s'est passé le soir, dans une grande salle dépourvue de tout ornement, faiblement éclairée, remplie de bancs de bois et de quelques chaises. Dans le fond de la scène se trouvait l'autel élevé de trois marches. Là, les lieutenants et les lieutenantes en jersey rouge paradant de leur mieux ont d'abord entonné des chants de circonstance pour appeler l'esprit saint au milieu de nous ; puis le plus révérend de cette fameuse société a pris la parole dans le but évident de nous convertir. Il a rappelé avec émotion quelques passages des discours de la maréchale Booth qui pleure, qui gémit sur les crimes et les désordres de Ninive, et de Babylonne, lisez Londres et Paris.

Après avoir péroré quelque temps, deux ou trois vieillards pénétrés d'onction ont senti l'esprit s'agiter en eux. A cet appel pressant le plus âgé, tout à fait emballé, s'est mis à faire sa confession tout haut. Une capitaine — dans l'armée salutiste, les grades n'ont pas de sexe, ils appartiennent indifféremment aux hommes et aux femmes, — édifiée de son repentir, est allée le prendre par la main et l'a amené sur l'estrade, c'est-à-dire à l'autel en lui disant ou à peu près : « Recueillez-vous, rentrez en vous-même, Jésus touché de votre humilité vous remplit de ses grâces, c'est le salut. » Le bonhomme a marmotté quelques mots que je n'ai pas entendus. De nouveaux chants, alternant avec les trompettes sacrées, se sont fait entendre. La cérémonie est terminée, il est dix heures. Ces représentations évangéliques accompagnées de quelques coups de tamtam se renouvellent souvent, mais une fois suffit pour les curieux.

Comme il n'y avait guère que des gens du peuple, les salutistes nous ont vite aperçues. De temps en temps ils nous lançaient des regards, tantôt scrutateurs pour fouiller dans nos impressions, tantôt bienveillants, pour nous inviter à grossir leurs rangs. A la sortie, ils n'ont pu s'empêcher de nous interpeller en nous tendant leur escarcelle pour les besoins de l'œuvre. « Ces dames sont-elles satisfaites ? vous reviendrez, n'est-ce pas ? » et comme je souriais d'un air incrédule, on m'a murmuré à l'oreille : « La grâce vous touchera, revenez seulement. Oh revenez ! » et l'on m'a glissé une petite brochure dans la main.

Il paraît que ces brochures imprimées en beaucoup de langues sont principalement distribuées à des pauvres hères qui, ne comprenant rien au figuré, croient à la réalité des phrases comme celles-ci.

« Si quelqu'un a soif, qu'il vienne à moi et qu'il boive. »

Venez vous joindre à l'armée du Christ pour montrer par votre exemple quelle est la force de la « parole divine qui féconde et *désaltère.* »

« *O vous tous* qui êtes altérés, venez aux eaux ! Et vous qui n'avez point d'argent, *venez, achetez,* sans argent et sans aucun prix, du vin et du lait. »

Et quantité de malheureux, séduits par ces belles maximes, s'imaginant qu'il n'y a plus qu'à tendre la main pour prendre et à ouvrir la bouche pour boire et manger s'enrôlent sous la bannière salutiste. Ah les *povres* ! voici un entrefilet fort instructif à ce sujet :

Les officiers de l'armée du Salut peuvent-ils vivre avec cinq livres (cent vingt-cinq fr.) par an ? Le général Booth et le commissaire Jucker disent : oui ; les officiers répondent : non. Et leur réponse paraît sincère, car ils meurent comme des moutons.

Depuis 1882, « l'armée » a envoyé dans l'Inde deux cent vingt-cinq officiers. Sur ce nombre, cent ont quitté le pays ou sont morts, morts de faim. Le général veut que ses hommes vivent de la même manière que les indigènes, il leur alloue un salaire d'un schelling (un franc vingt-cinq) par mois, et ils doivent se procurer le reste de l'argent nécessaire à leur subsistance par d'autres moyens. Ce système est simplement meurtrier. Peut-être M. Booth, avant de parler des misères de Londres, devrait-il songer aux pauvres gens qu'il envoie mourir dans l'Inde ?

Les époux Booth ont parcouru toute l'Europe et l'Amérique. On n'a pas oublié le petit speech du maréchal à Paris. Le voici :

« Sur une estrade, un vieillard qu'on pourrait prendre pour M. Naquet, étale aux regards des auditeurs un superbe gilet rouge.

Ce vieillard, c'est le général Booth lui-même.

Au fur et à mesure qu'il parle — en anglais, — un interprète, le vice-général Clibborn traduit ses paroles en français.

Le général raconte qu'un Anglais l'a aidé une année de nombreux chèques, et souhaite qu'un autre Anglais surtout aussi riche se trouve dans la salle et dans les mêmes dispositions, car, dit-il, ce n'est qu'une habitude à prendre, après on donne par coutume, de génération en génération, sans savoir pourquoi.

Le moment est venu de mettre cette théorie en pratique. »

En entendant l'annonce d'une collecte, toujours pour les besoins de l'œuvre, l'auditoire se leva et disparut comme par enchantement.

Les processions extérieures manquent quelquefois de charme. De temps en temps ces pauvres salutistes reçoivent des horions dans les rues ; c'est le revers de la médaille, c'est le mauvais côté de leur propagande effrénée ; la procession est interrompue, et bagarre s'en suit. Ces petits intermèdes, provoqués par quelques mauvais plaisants, font la joie du public qui n'a jamais pris les salutistes au sérieux.

Le protestantisme florissait sous trente-cinq formes à Jersey. Les salutistes viennent d'y ajouter la trente-sixième. Je ne saurais énumérer tous les noms qu'elles portent, mais on m'a cité les Méthodistes nouveaux et anciens, les Baptistes, les Indépendants, les Bryanistes, les Bethell Quakers, les vrais Parfaits, les sectaires de Swedemborg. Toutes ces sectes sont une aberration de l'esprit. Les Français ont la folie politique, les Anglais ont la folie religieuse.

JOURNAL DE SUZETTE

Voilà la fameuse religion qui vient de passer sous nos fenêtres ; elle se compose d'une douzaine d'hommes habillés en rouge portant sur leur poitrine un écriteau où sont inscrits ces mots : « *Read the war cry* » et de sept ou huit femmes se donnant le bras : quand la musique cesse, elles chantent je ne sais quoi. En tête est un drapeau rouge, avec des signes incompréhensibles. Tout le monde suit ce singulier cortège, et un policeman, ou garde de police, marche en même temps qu'eux, afin de protéger la liberté du culte. Le chef ou prêtre, possesseur d'une grande barbe noire et d'une physionomie peu rassurante, doit être italien. Il paraît qu'en Suisse ils ont fait de la propagande dans ce genre-ci, mais on les a emprisonnés, de sorte qu'ils mettent les prisonniers au nombre de leurs martyrs ; ils pourront bientôt avoir un calendrier. C'est une vraie comédie, et je ne peux pas croire qu'il y ait des gens qui prennent cela au sérieux. Leur nom est la Milice de la Guerre ou Soldats du Salut. Ce sont, je crois, des possédés pour la plupart, Dieu veut ainsi humilier les Anglais qui se sont séparés de la véritable église, en les laissant descendre malgré leur gravité apparente et leur intelligence, au dernier degré de l'aberration ! C'est l'avis de Madame.

JOURNAL DE MADAME

La grève de Lecq, Les rochers de Plémont

La côte septentrionale de l'île est découpée de plusieurs baies, dont la principale est celle de Lecq. Les rochers de Plémont aux grottes mystérieuses et profondes sont avec la baie de Lecq les deux promenades les plus en vogue et le rendez-vous du high-life parisien et londonien. Les grottes ou caves de Lecq sont très curieuses à visiter. Il faut autant que possible y venir à mer basse et prendre un guide, car il serait imprudent de s'y aventurer seul.

Le chemin pour y descendre ne manque pas de pittoresque, c'est un sentier abrupte qui contourne la montagne, relié çà et là par des petits ponts suspendus, jetés au-dessus des criques.

Ces grottes superbes, ces cavernes profondes qui entourent l'île sont le travail incessant de la mer pendant des siècles. Retenues dans leur élan et toujours en fureur, les vagues ont fini par entamer, par creuser, par trouer les côtes et y former des voûtes souterraines d'une élévation majestueuse, des cavités étranges aux configurations pleines de saillies et de creux. Avec de l'imagination, — l'imagination, cette fée puissante et créatrice, — ces rochers bizarres vous apparaissent comme des ombres humaines, des silhouettes d'animaux, des maisons fantastiques dentellées d'ogives, des pitons élancés, des aiguilles plus longues que celle de Cléopâtre, des pyramides; enfin on peut y voir tout ce qu'on veut.

Nous sommes revenues par la charmante vallée de St-Laurent, et nous sommes allées aux grottes de Plémont par la non moins charmante vallée de St-Pierre, l'une des plus jolies de Jersey.

De la pointe de Plémont, la vue est très étendue:

à gauche, les îles de Guernesey, Jethou, Herm et Sercq ; en face, un petit groupe de rochers appelés « Pater noster » ; à droite, les Écréhous qui connaissent les naufrages et qui font trop souvent hélas ! tristement parler d'eux ; enfin la France, toujours la France qui devrait encore posséder ces îles qui sont si loin de l'Angleterre. Un pont de bois conduit aux grottes et à la cascade de Plémont, le câble sous-marin qui relie Jersey à l'Angleterre s'enfonce en mer sous la cascade. Les rochers sont d'une hauteur énorme. Les moins élevés sont bizarrement découpés ; ici, c'est un long piton qui se dresse comme un géant devant une grotte ; là, ce n'est plus un géant qui garde l'entrée de celle-ci, c'est un moine à genoux, recouvert de son capuchon.

Il y a bien d'autres baies à citer, la baie de Ste-Catherine, la baie du Boulay semée de cailloux de nuances très variées, la coquette baie de Rozel, la baie de St-Ouen avec ses bords accidentés, la baie de St-Brelade, la magnifique baie de St-Aubin.

La grève du Boulay, située au nord de l'île entre le château Mont-Orgueil et la grève de Lecq offre aux regards charmés un beau panorama. Du reste, de toutes les hauteurs de l'île, les vues sont ravissantes : la nature étale avec complaisance ses beautés, végétation puissante, bois ombreux, fleurs embaumées, et puis la mer, la mer infinie. Mais ces délicieuses promenades, mais ces sites enchanteurs s'achètent toujours par quelques fatigues ! les descentes rapides à travers les rochers, sur des pentes raides, des herbes glissantes offrent quelques difficultés ; les escalades du retour, qui vous obligent à monter longtemps, ne sont pas plus agréables. Il faudrait des jambes d'isard pour parcourir sans lassitude les sentiers en zigzag et les escaliers à pic, les vallées et les montagnes, les rochers et les grottes de cette île accidentée. La fatigue, c'est comme un voile noir, qui s'étend devant vous ; vous ne voyez plus ou vous voyez mal.

La coquette grève de Rozel, également au nord de l'île est un lieu privilégié, encaissé de trois côtés par de hautes collines couvertes d'une riche verdure. Son port calme et tranquille, où se balancent mollement quelques barques légères, semble à l'abri des tempêtes. Sur les hauteurs de Rozel, on fait remarquer aux excursionnistes une saillie de rochers appelés « La Chaire » ; c'est de cet endroit qu'une sentinelle aperçut, quelques instants seulement, la veille de Noël 1781, une lumière briller presqu'en même temps dans l'île et sur la côte de France.

C'était un signal convenu, l'invasion de l'île par les Français, sous la conduite de Rullecour. Déjà le 17 mai 1779 une flotte commandée par le prince de Nassau était apparue dans les baies de St-Ouen et de St-Brelade ; une descente avait été essayée sans résultat.

Une seconde expédition ne réussit pas davantage. Enfin la troisième, commandée par Rullecour, parvint à s'emparer de St-Hélier, mais les soldats anglais cantonnés dans les autres parties de l'île, sous les ordres du major Pierson vinrent attaquer la ville où flottait déjà le pavillon français, et, après un combat opiniâtre, où les deux chefs français et anglais furent tués, les Jersiais restèrent vainqueurs. Cette entreprise fut la dernière contre les îles de la Manche.

Non loin de la baie de Rozel, au milieu d'un beau parc planté d'arbres de haute futaie, s'élève l'élégant manoir de la famille Lamprière, d'origine bretonne.

La baie de St-Brelade, située dans une partie de l'île encore déserte au commencement du siècle, est complètement cultivée et habitée aujourd'hui. Elle s'ouvre toute grande aux vagues qui, ne rencontrant pas d'obstacles, se montrent généralement douces et caressantes. La baie de St-Brelade, la plus calme, la plus tranquille de toutes, est recouverte, comme celle de Lecq, d'un sable fin et jaune qui reluit comme de l'or au soleil. Le sable des autres baies est blanc.

L'église de St-Brandon ou St-Brelade, du XIme siècle est bâtie à l'extrémité de la falaise et, séparée seulement des flots par le mur qui clôt le cimetière. Ce mur, solidement construit, a été converti en batterie pour la défense de l'île. Je remarque ici que presque partout les cimetières entourent les églises, c'est très bien ; l'église, c'est la mère étendant au-delà de la vie sa protection sur l'âme de ses enfants. Mais pour nous, catholiques romains, nous sommes surpris de ne voir que des pierres tombales, des stelles et fort peu de croix.

Près de cette église se trouve une vieille et vénérable chapelle qui reçut souvent et reçoit encore des vœux ardents et des prières reconnaissantes. On l'appelle la Chapelle-ès-Pêcheurs, les habitants de cette partie de l'île s'étant toujours livrés à la pêche très abondante dans cette baie.

L'église St-Brelade ne se recommande pas par l'élégance du monument, elle est d'une primitive simplicité d'architecture, mais elle est la plus ancienne de l'île. On n'est pas certain de l'époque de sa fondation, on la fait remonter au XIme siècle, sous le règne d'Henri Ier roi de France. Il se pourrait qu'elle fût encore plus vieille, car j'ai lu quelque part qu'on s'est trompé sur la date de presque toutes les églises paroissiales de Jersey. On a confondu la date de leur restauration, de leur changement de culte ou de leur agrandissement avec celle de leur fondation qui, pour la plupart, remonte aux premiers âges du Christianisme. A cette époque, l'île si protestante aujourd'hui avec ses trente-six sectes différentes, n'était alors peuplée que de saints, Saint Hélier, Saint Aubin, Saint Ouen, Saint Magloire, Saint Brelade, etc.

En continuant de ce côté, on arrive aux parties sauvages de l'île. Sa physionomie change complètement ; de joyeuse qu'elle était, elle devient grave et austère : dunes stériles, rochers déserts. Ce contraste en passant n'est pas sans attrait, cette rencontre des extrêmes, plages riantes et plages désolées, varient agréablement les souvenirs.

La baie de St-Ouen est la plus haute expression de cette physionomie farouche ; là règnent la solitude et la tristesse.

Une petite herbe sèche y croît péniblement; d'énormes quartiers de granit arrachés par les tempêtes et roulés par les flots jonchent partout le sable et font penser à l'âge de pierre ; et, de fait, on trouve disséminées dans l'île des pierres dolmetiques en assez grand nombre: cromlechs, lieu de réunion des prêtres et des juges, dolmens, autel ou table du sacrifice, Menhirs, images de l'Etre suprême. Un temple en parfait état de conservation atteste aussi que les Druides habitaient ces lieux.

Le vieux manoir de St-Ouen est encore de nos jours une belle propriété. On montre, dans un champ voisin, quelques traces de l'*arène des Tournois,* plaisir favori des seigneurs d'antan ; c'est là que les chevaliers du moyen âge, casque en tête, lance au poing, venaient jouter de force et d'adresse. Ici, sur cette butte plus élevée, se tenaient les spectateurs.

JOURNAL DE SUZETTE

Décidément, j'aime mieux les bois que la mer, je préfère les verdoyants feuillages aux verdoyantes eaux, les chansons de l'oiseau aux chansons de la vague, les paysages variés à l'immensité uniforme, l'abîme me fait peur !

Je troquerais tout Jersey rien que pour une de nos landes bretonnes, parce que la vue de tout ce qui charma notre enfance fait du bien : ces souvenirs là effacent les tristesses du présent, cela rajeunit ; c'est comme un bain de jouvence. Mais ici toutes les choses ne parlent qu'à mes yeux et ne disent rien à mon cœur. Quand on s'est rendu compte des beautés naturelles d'un pays, qu'on a admiré ses sites grandioses et ses vastes horizons ; lorsqu'on a parcouru les rues et visité les monuments d'une ville et qu'on n'y connaît personne, il ne reste plus qu'une chose à faire, c'est de s'en aller.

J'espère que nous ne tarderons pas à partir.

JOURNAL DE MADAME

DERNIER CHAPITRE

Les récifs de la Corbière, La baie et la ville de St-Aubin.

La Corbière est une longue suite de rochers qui se prolongent fort avant dans la mer. Ce nom leur vient sans doute des innombrables corbeaux qui les habitent ; c'est leur domaine, ils y règnent en maîtres et y élèvent leur famille dans une douce quiétude exempte de soucis.

Il doit y avoir là de vieux patriarches de corbeaux qui ne meurent que de vieillesse. Corbière « ce tombeau des navires » nous a paru sinistre. Nous n'avons pu visiter le phare ; il faut une permission écrite.

Jersey comme la Sicile a son Charybde et son Scylla, les rochers de Corbière et le promontoir de Grosnez, inabordable, hérissé de dangers ; mais de cette pointe extrême, quelle vue admirable ! On aperçoit le groupe complet de l'archipel anglo-normand, Guernesey, Sercq, Herm, Jethou, et enfin plus loin Alderney (Aurigny), toutes ces îles verdoyantes qui sont les *émeraudes* de la Manche.

La baie de St-Aubin est fort belle et la ville très agréable. De forme demi-circulaire, cette baie s'ouvre aux pieds d'une ample montagne de verdure, tout habillée de ravissantes demeures: ceinture de cottages, couronne de blanches villas, rien ne manque à sa parure. Aux deux extrémités de cette baie sont les deux villes principales de l'île : St-Aubin, au couchant, l'ancienne capitale, et, au levant, St-Hélier, la nouvelle, siège du gouvernement et du commerce.

Au moment de partir, un Jersiais m'a dit :

Ah ! si nous avions le ciel où fleurit l'oranger, notre magnifique baie de St-Aubin pourrait rivaliser avec celle de Naples !

Et cet aimable interlocuteur ajoutait moitié plaisant, moitié sérieux. « Partout ici quelle belle nature ! C'est l'Orient dans *l'eau riant* ». Un peu fort le calembour, et je n'ai pu m'empêcher de sourire de l'image poétique, mais trop exagérée.

Toujours snobs, les Anglais, et comme la moindre phrase caractérise bien l'orgueil de leur race !

GUERNESEY

—

JOURNAL DE MADAME

CHAPITRE I

St-Pierre-le-Port, Comparaison entre Jersey et Guernesey, La flore à Guernesey, Administration de cette île.

Guernesey est, comme Jersey, une île anglaise sur les côtes de France.

Elle faisait autrefois partie du duché de Normandie ; Henri Ier la réunit à la couronne d'Angleterre. Les Français ont plusieurs fois tenté de la reprendre, notamment en 1780.

La population fixe est maintenant de trente-sept à trente-huit mille habitants, auxquels il faut ajouter, en été, une population flottante d'environ dix mille touristes, presque tous Anglais. Elle s'administre comme Jersey. La cour royale se sert de la langue française, mais l'idiome anglo-normand si pittoresque et si expressif qui se parlait autrefois se retrouve encore dans certaines parties de l'île. Du reste, cet attachement, en plein dix-neuvième siècle, à la langue des aïeux n'existe pas seulement ici, il se retrouve encore dans les bruyères de l'Armorique, sur les collines du pays de Galles et sur les côtes occidentales de l'Irlande. Je trouve que Jersey et Guernesey ne se ressemblent guère tout en ayant des beautés identiques ; qui a vu l'une ne connaît pas l'autre.

A l'arrivée, Jersey entourée de hautes fortifications ne laisse rien deviner de ses agréments, Guernesey au contraire, bâtie en amphithéâtre se montre de suite et se présente sous un aspect flatteur. St-Hélier, capitale de Jersey est une ville à moitié française ; St-Pierre-le-Port, capitale de Guernesey, est une ville anglaise par les habitudes, les mœurs et le caractère de ses habitants. A Guernesey, le dimanche est un jour de repos complet : travail, commerce, correspondance, tout est interrompu. Je ne dis pas que Jersey soit beaucoup plus mouvementée ce jour là ; cependant, entre sept et huit heures du matin, on voit un facteur passer dans les rues et distribuer furtivement le courrier. C'est une concession aux usages français. A Jersey, les magasins restent ouverts le soir ; à Guernesey, ils sont hermétiquement fermés dès sept heures, même dans le fond de l'été. Le touriste qui se réserverait la soirée pour visiter les magasins et choisir ses petites emplettes ne rapporterait rien de Guernesey : les portes sont closes partout.

Cette comparaison entre les deux îles sœurs pourrait se continuer dans une infinité de choses. Bien des personnes l'ont probablement faite avant moi, inutile d'insister.

Je le répète, le panorama de St-Pierre, dont les maisons s'étagent dans la verdure, est charmant.

Nous entrons dans le port, laissant à gauche le château Cornet, vieille et pittoresque construction analogue au fort Elisabeth de Saint-Hélier. La ville de St-Pierre est plus belle de loin que de près : ses rues tortueuses, escarpées, un peu sombres même n'ont rien de séduisant. Nous avons cependant admiré une belle statue que les Guernesiais ont élevée au feu prince Albert. La campagne, d'ailleurs, se charge de raccommoder le touriste avec la ville. Ah ! cette campagne, quels jolis fleurons elle apporte à la ville ! On peut même dire ici que ce sont les fleurons seuls qui composent la couronne dont St-Pierre se montre orgueilleux à juste titre.

Guernesey a les mêmes beautés que Jersey, mais peut-être plus accentuées, plus personnelles : sites romantiqués, vallées rêveuses et poétiques, ombrages mystérieux, plages sauvages, rochers tourmentés, vagues langoureuses et flots terribles.

Je crois son climat encore plus doux, si j'en juge par la flore qui s'épanouit dans toutes les campagnes, et, dit-on, dans toutes les saisons.

La nature est luxuriante et magnifique ; certains feuillages atteignent des proportions phénoménales : la rhubarbe et l'angélique, par exemple, les fushias servent à faire des haies comme l'ajonc en Bretagne ; les aloès sont gigantesques ; les ficoïdes, si frileuses chez nous, tapissent hiver comme été, dans certains jardins bien exposés, les grottes et les rochers. Les camélias sont des arbres ; les chênes verts, les eucalyptus et les araucarias sont immenses.

Cette flore merveilleuse, comparable à celle du midi n'est pas exclusivement due à la douceur du climat, car en hiver le froid est parfois assez vif; elle doit tenir soit à la qualité du terrain, soit à des conditions atmosphériques spéciales comme, par exemple la très grande humidité, et enfin aux émanations chaudes du Gulf-stream.

On m'a fait remarquer une fleur toute particulière et qui ne croît qu'ici ; un lys rose, sans odeur, mais bien joli. La légende dit qu'autrefois ce lys était blanc ; ce sont les larmes qui l'ont changé de couleur, des larmes de fées sans doute, car il ne peut y avoir que les déesses ou les enchanteresses pour pleurer rose.

Oublieuse des bruines salines, des vagues sauvages, des rafales du vent, on peut dire que la végétation tropicale s'est aventurée jusqu'ici et qu'elle s'y plaît ; les sentiers sont parfumés de senteurs alpestres et dans les vallons, délicieusement ombragés de grands arbres, les oiseaux chantent et bâtissent leur nid.

Les cottages sont proprets et soignés, les maisons de la ville, assez grande (elle compte seize mille habitants), sont blanches, bien entretenues, et presque toutes ont un jardin avec une ou plusieurs serres.

Les îles anglo-normandes reconnaissent l'autorité de la Reine ou plutôt, comme diraient volontiers leurs habitants, de la Duchesse de Normandie, mais nullement celle du parlement ; elles jouissent d'une autonomie à peu près complète, dont elles se montrent très jalouses, Guernesey surtout ; aussi les gouverneurs de ces îles ont-ils souvent des contestations avec leurs subordonnés qui prétendent se gouverner eux-mêmes, tout en se soumettant à l'autorité royale, pourvu qu'elle ne se mêle en rien de leurs affaires.

Toujours est-il que ce gentil pays de Guernesey s'administre parfaitement à ses frais : l'île est couverte d'un réseau de routes excellentes ; le Port de St-Pierre est remarquable par ses jetées ; des phares sont placés où il en est besoin ; il y a un service d'assistance publique très bien organisé ; enfin je pense qu'on a tiré de ce petit coin de terre le meilleur parti possible.

JOURNAL DE SUZETTE

Madame ne se met pas souvent en route ; mais une fois partie elle ne s'arrête plus et nous voilà à Guernesey où je n'arrive pas fière.

J'ai été malade pendant la traversée ; tout tourne, tout danse autour de moi, les murailles, les plafonds et les meubles. J'ai le roulis dans la tête et les jambes !...

Madame pourra se promener seule en ville, je vais me coucher. Elle compte aussi visiter l'île de Sercq, une occasion se présente, elle veut en profiter. Cette fois je me récuse tout à fait.

JOURNAL DE MADAME

CHAPITRE II

Plages rocheuses de St-Pierre-le-Port, La baie du moulin Huet; Les deux villas St-Georges et Roseinheim.

Tout en admirant la belle étendue de mer qu'on a sous les yeux, on songe à se baigner. Je comptais prendre un ou deux bains, mais il n'y a pas, à proprement parler, de plage à St-Pierre. La côte est rocailleuse, et il serait dangereux de se baigner; il faudrait aller chercher ailleurs quelque crique favorable, j'y renonce.

De loin, Guernesey se développe en éventail fleuri. De près : c'est une montagne qu'il faut toujours gravir ou descendre.

J'ai fait une charmante promenade à la baie du moulin Huet, où je n'ai pas vu trace de moulin. Cette baie splendide donne le frisson quand on arrive, la mer y fait un fracas épouvantable, elle a des airs de colère qui font peur ; de plus, il y a des rochers si étrangement découpés par le temps que l'on croit voir des bateaux sombrant et des naufragés s'accrochant pour ne pas périr.

J'ai aussi visité deux villas remarquables : St-Georges, l'une des plus jolies de l'île, et, dans la paroisse St-André, Rosèinheim, avec des serres étonnantes et une décoration toute orientale ; aspect très fantaisiste, plein de soleil et de couleur.

Les jardins sont ornés de vasques, de statues, les bosquets garnis de coussins multicolores, et superposés les uns sur les autres avec cordelières autour et glands aux quatre coins : ils semblent inviter au repos. Défiez-vous, ils sont un peu durs ; en revanche, ils ne craignent ni la pluie ni le soleil : ils sont en faïence.

Les serres sont remplies de grappes vermeilles dont on ferait volontiers un repas.

C'est une tentation à laquelle il faut résister, sans que la morale du renard soit une consolation. Non, ces raisins ne sont pas verts ; non, ces raisins ne sont pas pour des goujas, ils seront mangés par des princes.

JOURNAL DE SUZETTE

Madame est partie pour Sercq : que j'ai bien fait de rester ici à me promener, me divertir ! J'ai eu une nouvelle représentation de la *Salvation*.

Un meeting Salvationniste : La *maréchale Booth* qui prêche à Paris, et qui est la fille aînée de l'inventeur de cette religion. honorait Guernesey de sa présence. Aussi me suis-je précipitée sur ses pas. C'est une vraie prêtresse, maigre, décharnée, et une fort bonne comédienne. La représentation m'a beaucoup amusée, et je me suis avancée jusqu'à l'estrade. à la fin de la cérémonie, pour demander aux fidèles ce qu'ils croyaient.

Un postulant m'a répondu qu'ils croyaient comme les protestants, seulement qu'ils ne buvaient pas de liqueurs et ne fumaient pas, parce que J.-C. avait dit qu'il fallait garder son corps pur. C'est pourquoi les jeunes salutistes sont élevées au grade de cantinières spirituelles de cette armée sans pareille : au lieu de spiritueux, elles versent la parole sainte dans l'oreille des assistants.

Ensuite, il arrive un moment où le néophyte se sent sauvé ; j'en ai vu cinq ou six qui l'étaient. Alors ils ont l'air de possédés du diable, et ressemblent un peu aux aboyeuses de Josselin, cela dure un quart d'heure ; ils font des contorsions, tapent des coups de poing par ci par là et tombent presqu'en faiblesse ; il y a des hommes et des femmes qui roulent les uns sur les autres, c'est effrayant. Au bout d'un certain temps, ils reviennent à eux et pérorent chacun à leur tour. Pendant ce temps là, l'assistance prie.

Betzy, la seconde femme de chambre de l'hôtel, était avec moi ; elle parle français, et nous avons bien ri. Elle disait : je m'amuse comme à Noël, c'est le moment des fêtes en Angleterre, et ce jour là John Bull dévore, et mistress John Bull prend plus d'un *night cape* (bonnet de nuit) (1).

En effet, ce jour là règnent le gui, le houx, les sapins, le plum-pudding, le roast-beef, les liqueurs, la musique et la danse. Malheureusement nous sommes en été, et je n'aurai pas le plaisir d'assister à cette bacchanale gigantesque.

La Salvation Army, est une religion de fous qui se démènent dans les rues. Il n'y a en fait de fidèles que des gens du peuple, mais ils sont fort nombreux, et je ne serais pas étonnée qu'à Guernesey seulement il y en eût quatre ou cinq cents. Général, officiers, soldats du ciel, prêcheuses, tous ces gens font des sermons, chantent dans les rues et s'y promènent avec des drapeaux rouges ; c'est une

---

(1) Expression correspondante à notre expression française, avoir un coup sous le bonnet.

armée de possédés. Ils appellent ceux qui ne font pas partie de leur secte des démons, et sont eux-même endiablés pour convertir tout le monde. Voici deux de leurs affiches que la dame de l'hôtel, qui parle aussi le français, m'a complaisamment traduites.

« Le capitaine Condy, la tambourineuse américaine des guerriers mâles et femelles avec l'armée des soldats de sang et de feu, marcheront aujourd'hui à travers la ville.

A six heures du matin, exercice des genoux et du mouchoir ; à dix heures arrivée du Saint-Esprit ; à deux heures, enclouage des canons de l'ennemi ; à six heures du soir, incendie sur toute la ligne ; à huit heures, galop d'action de grâces (alleluia gallop).

Le lendemain, à deux heures trente, la tambourineuse américaine chantera et parlera au nom de Jésus, avec d'autres officiers ; à six heures trente, les soldats se réuniront à la caserne pour la parade en grande tenue.

Mouchoirs et jaquettes rouges, tabliers blancs, chapeaux noirs, alleluia de rigueur.

On offrira aux rebelles des conditions de paix. Le chirurgien de l'armée donnera ses soins aux blessés. Ce aujourd'hui, etc.

Par ordre du roi Jésus et du capitaine,

CADMAN.

Le jour des régates, on lisait :

« Salvation Army

Réunion gigantesque. A onze heures, réception du Saint-Esprit ; à midi, départ de la caserne, et marche triomphale à travers le camp de l'ennemi ; à deux heures, grande bataille.

On se réunira à deux heures trente dans la forteresse, d'où l'on tirera l'évangile à boulets rouges dans les rangs des esclaves du diable (Ici il faut entendre les paisibles promeneurs qui devaient aller voir les régates).

N.B. — Un grand médecin (Jésus-Christ) sera présent, et prodiguera ses soins aux malades et aux blessés. »

La ville de Guernesey est bâtie en amphithéâtre, il faut toujours monter ou dévaler.

Le pays est très beau, très boisé et le climat délicieux. Jersey est moins joli, moins pittoresque, moins fleuri que Guernesey, mais il a de nombreuses baies pour prendre des bains, tandis qu'ici il n'y en a guère. Si les plages sont désertes, en revanche, les maisons me semblent encombrées de jeunes habitants : tout cela crie la nuit, tapage le jour ; cette marmaille est à l'âge agréable où les enfants peuvent être considérés comme de petits fléaux.

La ville est très propre, les ruisseaux qui courent en pente comme les rues nettoient tout en passant rapidement. Les promenades sont charmantes, le long de la mer; un tramway en côtoie les bords. Je suis montée sur une éminence attirée par la vue d'un grand monument en forme d'aiguille élevé là en souvenir d'un seigneur du pays, le baron Saumarez qui, paraît-il, a fait beaucoup de belles et bonnes choses.

J'ai visité les deux églises catholiques ; rien de saillant. A neuf heures et demie du soir on tire un coup de canon : serait-ce pour remplacer le couvre-feu et inviter les habitants à rentrer chez eux ? Non, cela ne regarde que les militaires, c'est l'appel qui doit les ramener tous à la caserne.

JOURNAL DE MADAME

CHAPITRE III

L'Ile de Sercq

Je tiens absolument à voir l'île de Serq avec ses aspects effrayants, sa mer sauvage, dont les lames puissantes écrètent la roche dure et minent le granit. Cette île ne connaît guère les douceurs et les caresse de la vague, alanguie des flots somnolents, elle n'entend que leurs clameurs quand, déferlant avec furie ils montent à l'assaut de ses falaises inébranlées et formidables.

Suzette très dolente encore demande pourquoi Madame est si fort emballée pour cette excursion.

Pourquoi, Suzette? Parce que je ne crains pas une

une heure de mal de mer pour voir « ce morceau de France tombé à la mer et ramassé par l'Angleterre, » suivant la belle expression de Victor-Hugo.

L'île de Sercq a tenu toutes ses promesses ; je n'ai eu aucune déception et j'ai eu beaucoup de plaisir à visiter cette roche curieuse, bouquet de fleurs et de fruits dans une corbeille de granit ; mais je ne dis pas pour cela que j'aimerais à l'habiter. L'histoire de Sercq est fort intéressante. Pendant longtemps, cette île microscopique parut sans valeur, et nul ne songeait à l'occuper.

Un jour, sous le règne de Henri II, un marin français, Poullain de la Garde vint y planter notre drapeau. Il aborda l'île à la tête de onze galères et s'en empara.

A quelque temps de là Poullain, d'humeur aventurière, tenta un coup de main sur Guernesey et sur Jersey, cette tentative extravagante n'ayant point réussi, Poullain revint sur ses pas, s'empara chemin faisant d'un navire anglais dont la cargaison le dédommagea de son échec et rentra dans son île. Mais Sercq n'était point un lieu enchanteur, l'inaction pesait au corsaire ; il en remit le commandement à son lieutenant de Breuil et reprit la mer. Dès ce moment, les Anglais qui avaient toujours dédaigné Sercq comme un rocher inutile changèrent de manière de voir. Sercq par sa situation particulière, ses falaises escarpées, sa petite garnison et les trois forts qu'elle avait édifiés était devenue un nid d'aigle impossible à aborder ; cela chiffonnait beaucoup les Anglais.

Un capitaine hollandais (la Hollande était alors l'alliée de l'Angleterre), comprenant leurs regrets d'avoir laissé cet îlot leur échapper, proposa de les tirer d'embarras.

Ce Hollandais avait certainement lu l'Illiade, car il eut recours au moyen inventé par Ulysse roi d'Ithaque ; seulement au lieu d'un cheval de bois ce fut un cercueil dont il se servit.

Le capitaine hollandais vient donc jeter l'ancre devant Sercq. Un marin est dépêché près du lieutenant de Breuil pour lui annoncer la mort du capitaine de navire et lui demander la permission de l'enterrer dans l'île, puis il ajoute : Pendant que l'équipage accomplira la triste cérémonie, les habitants de l'île pourront visiter notre navire, ils y seront reçus cordialement.

La petite garnison qui n'avait aucune distraction sur sa roche perdue accepta avec empressement, sauf quelques soldats et de Breuil qui crut de son devoir d'accompagner le capitaine défunt à sa dernière demeure.

Deux heures après, le tour était joué.

C'est le capitaine hollandais qui reçut lui-même aimablement les Français en les faisant prisonniers à son bord. Pendant ce temps là, presque tout l'équipage entré à Sercq, ouvrait le cercueil et y trouvait toutes les armes dont il avait été rempli. De Breuil et ses quelques hommes, incapables de résister, furent obligés de se rendre.

L'histoire rapporte que Marie Tudor, indignée de ce procédé, refusa le prix de la trahison ; ce sentiment de générosité n'était vraiment pas anglais.

Les fortifications françaises furent rasées, et l'île rentra dans l'abandon.

Plus tard, un sire de Glatigny, d'origine normande, réédita l'aventure de Poullain de la Garde ; les détails manquent, mais il est à croire qu'il ne fut pas plus heureux que lui. Et Sercq restait toujours une île solitaire et déserte, la cité inviolable des oiseaux de mer qui s'y abattaient par bandes énormes. En 1563, un habitant de Jersey, Hélier Carteret dont le nom est devenu historique, forma le projet de se fixer à Sercq.

C'était le descendant de seigneurs normands qui, avant la confiscation de leurs biens par Phillippe-Auguste, possédaient en Normandie le fief de Carteret. Hélier Carteret s'installa avec toute sa famille, persuadé que si l'on voulait s'en donner la peine, la petite île de Sercq deviendrait aussi fertile que ses grandes sœurs, Jersey et Guernesey.

On ne parla plus marine ni fortifications, mais terre et charrue ; neuf ans après, en 1572, l'île était défrichée, habitée et fertilisée.

Ce moyen de conquête valait mieux que celui du capitaine hollandais ; la reine qui régnait alors, Elisabeth, le trouva de son goût, et nomma Hélier Carteret seigneur de Sercq. Voilà les débuts de cette île si florissante aujourd'hui.

En relisant mes notes, avant de les envoyer à l'impression, je trouve dans le *Petit Journal* le plus joli et le plus intéressant des articles sur la petite Sercq des temps modernes. Je ne pourais rien dire d'aussi bien, ni de plus complet, voici cet article :

L'île de Sercq (1)

Au milieu du détroit semé d'écueils qui sépare Jersey de Guernesey, un haut plateau rocheux dresse ses parois abruptes de granit, tombant perpendidulairement dans la mer : cette petite terre, formidable d'aspect, est l'île de Sercq.

Percée, pour ainsi dire, de part en part de grottes, de gouffres, d'excavations plus ou moins profondes, ses falaises s'élèvent en murs verticaux de soixante mètres de hauteur au-dessus des flots qui affouillent le rivage et se brisent en moutons blancs sur les innombrables rochers du large. L'accès de Sercq est si peu commode qu'il y a quarante ans l'escadre anglaise, relevant l'archipel, fit le tour de l'île sans apercevoir de communication du rivage avec l'intérieur, et n'y débarqua point.

---

1) Extrait du *Petit Journal*.

En effet, c'est par un tunnel qu'on aborde cette île enchantée. Le vapeur qui franchit en moins d'une heure la distance entre Guernesey et Sercq dépose ses passagers dans une crique étroite, hémicycle de sable et de galets que dominent de toutes parts de grandes parois grises couvertes d'une herbe maigre, et continuées au large par des roches dénudées aux formes fantastiques, sur lesquelles s'ébattent des nuées de goëlands.

On regarde autour de soi et l'on ne voit rien, si ce n'est la jetée de pierres, les barques entre le quai et la roche âpre et nue, l'eau clapotante, au loin la confusion de la mer et du ciel. Une sensation de vertige et de terreur vous prend : si le navire allait s'éloigner et vous abandonner sur cette rive solitaire et stérile !...

Rassurez-vous : l'île n'est pas aussi inabordable qu'elle le paraît. Au bout du quai, dans ce mur rocheux, d'apparence inaccessible et impénétrable un trou béant s'ouvre, un tunnel noir, presque sinistre ; on s'y engage, et cette porte digne de la plume de Dante et du crayon de Doré aboutit soudain à un décor d'une idyllique fraîcheur : le tunnel débouche dans un vallon vert, boisé, charmant, avec des prairies semées de primevères, des ruisselets murmurants, des bosquets touffus, des ramures pleines d'oiseaux, d'où s'échappent des notes mélodieuses. Une belle route monte au centre de l'île où se trouvent l'église anglicane et le presbytère, les écoles et la seigneurie, avec son magnifique parc planté de conifères.

De toutes parts, au-delà des champs entourés de haies et de maisons proprettes dont plusieurs ont conservé l'antique toit de chaume, s'aperçoit la mer bleue, avec son chapelet d'îles : Brechou ou l'Isle des Marchands, dépendance et satellite de Sercq ; Herm, séparé de Sercq par le passage ou chenal du Grand-Ruau ; Guernesey, la « Grande Terre « des Sercquais ; Jersey, dont la côte septentrionale très découpée, s'estompe dans la brume et là-bas, par delà le funèbre passage de la Déroute, se dresse une blanche muraille : c'est la côte de Normandie, mère patrie de toutes ces îles devenues anglaises, c'est le cap de Flamanville, la baie de Diélette, notre Cotentin français.

Paysage admirable, panorama idéal et si bien composé qu'il faut aller jusqu'en Grèce pour trouver un spectacle de mer digne de lui être comparé : telle est Sercq la belle, Sercq la charmante, aimée des peintres et des poètes, Sercq que les Anglais ont justement appelée *the gem of the channel islands*, la perle des îles du Canal.

Longue de cinq mille cent mètres du Nord au Sud, sur une largeur maxima de deux mille cinq cent mètres, avec une superficie de cinq cent dix hectares, dont deux cents en culture, l'île se divise en deux parties, le *Grand Sercq* et le *Petit Sercq*, reliées par l'isthme de la Coupée, chaussée large de deux mètres à peine et longue de cent quatre-vingts mètres, élevée de quatre-vingt-dix mètres au-dessus de la mer et des deux côtés de laquelle s'ouvre des abîmes. Ce passage est terrifiant ; par les grandes tempêtes il est dangereux de s'y avanturer et les deux parties de Sercq sont alors privées de toute communication.

Dans ce plateau de granit se creusent d'adorables dépressions, des plis de terrains profonds, de courtes et belles vallées boisées qui, toutes, aboutissent à quelque baie retraitée ; là, dans des nids de verdure, au bord du ruisseau qui jacasse sur les cailloux, protégées des vents, à l'ombre sous les grands arbres, se blottissent de ravissantes et coquettes chaumières, asile en été des amoureux et des peintres.

L'île de Sercq n'est pas seulement curieuse comme paysage, elle est intéressante à étudier pour son organisation féodale qui constitue à notre époque un véritable anachronisme. Bien que judiciairement rattachée au baillage de Guernesey, Sercq en est complètement indépendante au point de vue politique et administratif. Elle forme un petit Etat féodal à part, gouverné sous la suzeraineté de l'Angleterre par son seigneur, qui est censé propriétaire de l'île en vertu de la charte de la reine Elisabeth (1563) concédant Sercq en fief de haubert (fief qui ne pouvait être possédé que par un chevalier) à Hélier de Carteret pour être divisé en quarante tenanciers dont chacun devait fournir un homme armé pour la défense de l'île. A cette occasion, la grande Elisabeth fit don au seigneur de six canons, cinquante boulets et deux cents livres de poudre ; dans la cour de la seigneurie, on voit encore un de ces canons, portant l'inscription suivante : *Don de la royne Elisabeth au seigneur de Sercq, 1578.*

Les quarante domaines ainsi créés, légalement indivisibles, transmissibles en entier seulement par vente ou par héritage, avec l'assentiment du seigneur sont encore aujourd'hui possédés par quarante tenanciers qui paient la dîme au seigneur. En cas de décès sans héritiers de l'un des quarante tenanciers, le seigneur entre en possession de ses biens. Le droit d'aînesse le plus absolu règne dans l'île.

Les « chefs-plaids », tenus trois fois par an, le premier lundi après Pâques, après la Saint-Michel, après Noël, forment à Sercq l'unique pouvoir législatif. Ces chefs-plaids qui en sont autre chose que l' « assemblée des leudes et barons » des anciens rois normands, sont composés du sénéchal, président, et du prévôt de l'île, nommés à vie par le seigneur, du greffier, du député du seigneur, et des quarante tenanciers.

Les lois ou ordonnance sont votées par ces derniers seulement ; mais elles doivent être soumises à la sanction du seigneur.

L'organisation judiciaire de Sercq est tout aussi curieuse. Un sénéchal, nommé par le seigneur, statue comme juge unique ; il juge en première instance tous les procès civils, sauf appel devant la cour royale de Guernesey. Au correctionnel, il peut infliger des amendes jusqu'à trois livres tournois (cinq francs quinze), et, au plus, trois jours d'emprisonnement. Les délits graves sont directement portés devant la cour de Guernesey.

Hâtons-nous de dire que, quoique Normands, les Sercquais ne sont pas d'humeur bien processive. Quant à la prison, elle est généralement vide.

Il y a quelques années, une femme de Sercq ayant été condamnée à un jour de prison pour un infime larcin demanda à purger sa peine toutes portes ouvertes, tant l'effrayait la perspective d'être enfermée. Le prévôt y consentit de fort bonne grâce ; et, on vit successivement, après l'internement de la coupable, on vit pénétrer dans le farouche édifice toutes les femmes de Sercq, munies de tabourets, de vivres et de leur tricot ; elles se relayèrent pour tenir compagnie à la prisonnière, qui ne fut pas un instant seule.

Sercq est la seule des îles de la Manche où l'instruction soit obligatoire au premier degré ; elle est la seule aussi, et c'est par ce côté que cette petite île mérite de nous intéresser, la seule où l'enseignement soit donné en français.

Notre langue est l'idiome de tout l'archipel normand ; mais, tandis qu'elle tend à disparaître de Jersey, de Guernesey où d'Aurigny, où les campagnards mêmes ne lui restent pas tous fidèles, elle est demeurée à Sercq le langage du foyer, à ce point que deux familles de pêcheurs anglais, établies dans l'île depuis quelques années, parlent aujourd'hui couramment le français ou plutôt un patois normand qui rappelle de très près celui des environs de Cherbourg.

Il est à craindre malheureusement que cela ne dure pas toujours.

Beaucoup de Sercquais, mus par l'intérêt, apprennent l'anglais, le font apprendre à leurs enfants.

Et ce ne sera peut-être l'affaire que d'une ou deux générations pour que l'anglais devienne la base de l'enseignement.

On le voit, la petite sœur est maintenant l'égale de ses aînées, sinon comme étendue, du moins comme richesse de culture, intelligence et activité.

JOURNAL DE SUZETTE

Madame arrive enchantée de son excursion à Sercq, mais un peu fatiguée ; elle a eu le mal de mer en revenant. Ce matin, pendant qu'elle se reposait, je suis allée visiter le cimetière, un lieu charmant. Il y a des plantes d'eau dont la feuille ressemble un peu à celle d'acanthe. Elles sont d'une telle grandeur qu'on se croirait dans ces forêts d'Amérique, dont les voyageurs font des descriptions enthousiastes ; les rodhodendrons, les camélias sont de vrais pommiers, les fushias ne sont plus des fleurs, mais des arbustes. On aurait presque la tentation de mourir dans cette jolie île, pour être enterré dans cet étonnant cimetière ; on aurait d'autant plus [de facilité pour cela, que l'enterrement de première classe ne coûte que huit francs ; ce n'est pas la peine de s'en passer, et vraiment, si comme les chats j'avais neuf vies à dépenser, je me permettrais cette petite distraction.

C'est demain dimanche; ce saint jour se présente aux yeux d'un Anglais sous la physionomie d'un énorme plat de viande en permanence sur la table, et de quelques bouteilles de porto ou de xérès, à moins que ces messieurs et ces dames ne soient dans la confrérie du ruban bleu ou du ruban vert, ce qui change alors le porto ou tout autre spiritueux en thé, dont on use et abuse à perpétuité. Quand on a fini de manger, on digère péniblement ou pas, cela dépend des facultés de l'estomac, mais enfin on digère, et quand on a digéré, on recommence à manger ; ensuite on va au temple entendre l'office, puis on rentre, on mange, et on va se coucher, plus ou moins *impressionné*. C'est une journée si bien remplie que l'on peut bien être un peu fatigué le soir. Les ladies elles-mêmes sont tellement accablées qu'elles perdent parfois leur centre de gravité. Je dois dire que ceci je ne l'ai jamais vu, seulement je l'ai entendu dire.

On est très *Hugolâtre* à Guernesey, que le grand poète habita plusieurs années et où il écrivit, m'a-t-on dit, ses *Contemplations*, aussi voit-on son buste, sa photographie et ses autographes à la devanture de toutes les librairies, comme on voit des homards chez tous les marchands de comestibles.

Les homards sont peut-être encore plus abondants à Guernesey qu'à Jersey. On les pêche ici avec des *banâtres*, panier en forme de mannequin renversé. Homards et langoustes font vivre beaucoup de familles de pêcheurs, c'est leur seul métier. C'est très amusant quand la mer baisse, de voir toutes les petites barques, qui sautent sur les vagues, laitées d'écume, comme de petites mouettes s'en aller lever les banâtres ou casiers comme nous disons en France.

C'est encore avec la bonne de l'hôtel que je suis allée voir le départ de cette microscopique flotille, mais nous n'étions pas seules, elle avait son amoureux.

Me voilà arrivée à vingt-cinq ans, et je ne suis pas si avancée que Betzy qui n'en a que dix-huit. Ah ! c'est ici que les jeunes filles sont heureuses ! Dès quinze ou seize ans elles ont un bon ami, un sweet heart (doux cœur), qui marche avec elles suivant l'expression pittoresque du pays, c'est-à-dire qu'il se trouve à point pour les escorter dans leurs courses et promenades. Betzy appelle son amoureux Sam : tous ces amoureux là se nomment

Peter, Samuel, Abraham, Jacob ; à Guernesey on
affectionne les noms bibliques. Il y a des jeunes
filles qui avant de se marier en ont eu quatre ou
cinq. On commence un *flirt* avec celui-ci, qu'on
continue avec celui-là, ça ne tire pas à conséquence,
jusqu'à ce qu'on ait enfin trouvé celui avec lequel
on désire *marcher* toute la vie.

JOURNAL DE MADAME

CHAPITRE IV

Victor Hugo, Madame Drouet, La température.

Victor Hugo est le héros moderne de Guernesey.
On visite sa maison qui est un vrai, dois-je
dire bazar ou musée, mettons les deux, puisqu'il y
a de belles choses et des riens. On ne parle qu'avec
enthousiasme de tous les souvenirs qu'il a laissés
pendant son séjour ici, un long séjour de quinze
années. Non loin de la grande vieille maison du
poète on vous montre la maison modeste qu'habitait
Madame Drouet, dont le nom reste attaché à celui
du grand homme. Madame Drouet admirablement
belle avait été actrice à Paris. Elle avait joué avec

succès des rôles importants dans les pièces de Victor Hugo ; une grande amitié s'établit entre eux : au moment de l'exil du poète, abandonnant la carrière théâtrale, Madame Drouet le suivit à Jersey d'abord, à Guernesey ensuite.

Victor Hugo déjeunait tous les matins chez elle, à son tour elle venait tous les soirs dîner chez lui. Madame Hugo la recevait en amie, et les plus strictes convenances ont toujours été gardées entr'eux.

Madame Drouet est morte à soixante-douze ans, encore belle et toujours charmante par son esprit. Son amitié fidèle lui fait honneur.

Le séjour de Victor Hugo à Guernesey me rappelle le passage ici d'un autre grand Français dans les conditions d'exil autrement cruelles que celles du poète :

J'ai nommé Châteaubriant.

Ayant appris au fond de l'Amérique les malheurs de la France, son patriotisme s'éveille, il accourt pour la servir et la défendre. Voici en quels termes il raconte cette lamentable odyssée.

« Je revins en France ; j'émigrai avec mon frère et je fis la campagne de 1792. Atteint pendant la retraite, de cette dyssenterie qu'on appelait : la maladie des Prussiens, une affreuse petite vérole vint compliquer mes maux. » On le crut mort, on l'abandonna dans un fossé où donnant encore quelques signes de vie, il fut secouru par la compassion des gens du prince de Ligue qui l'installèrent dans un fourgon et le menèrent à Namur. Il voulut de là, malgré l'extrémité où le jetait sa double maladie, aggravée d'une blessure à la cuisse, gagner Bruxelles, puis Jersey : il faillit expirer en route. « On me descendit à terre, raconte-t-il, dans l'île de Guernesey où le vent et la marée nous avaient obligés de relâcher, et on m'assit contre un mur, le visage tourné vers le soleil pour rendre le dernier soupir. La femme d'un marinier vint à passer ; elle appela son mari qui, aidé de deux ou trois autres matelots anglais, me transporta dans une maison de pêcheurs, où je fut mis dans un bon lit ; c'est bien vraisemblablement à cet acte de charité que je dois la vie. »

Le temps s'est fort rembruni ; à la chaleur étouffante de ces jours derniers a succédé un vent glacial. Il paraît que la température est assez fantasque. Guernesey se montre capricieuse et changeante comme une jolie femme, pardon, je voulais dire comme une jolie île qu'elle est.

Petite pluie abat grand vent : il faudra de la pluie, pour remettre la température à sa place.

Le beau temps fait encore la sourde oreille. Aujourd'hui il pleut à verse, c'est une perspective peu agréable pour notre traversée. Pauvre Suzette, depuis deux jours elle tient comme Moïse ses bras levés vers le ciel pour appeler la victoire ; jusqu'ici elle en est pour ses frais. Achever de donner son cœur aux poissons ne lui sourit guère, leur en ayant déjà donné une partie en venant.

JOURNAL DE SUZETTE

Guernesey me semble un nid de verdure campé sur un rocher : aussi les bains n'y sont-ils pas très faciles, il faut chercher des endroits pas trop dangereux, ce n'est que rochers partout. Les fruits et les légumes sont énormes, la cuisinière de l'hôtel vient de me montrer une tomate qui pèse plus d'une livre, mais tout cela est cher, les fruits surtout ; le raisin et les figues ne viennent qu'en serre. Le beurre est extraordinairement jaune, mais très bon.

Il paraît qu'on parle un affreux jargon normand qui date de loin. Le peuple y est attaché et ne veut pas changer son idiome.

Il habite ici dans l'hôtel un type anglais des mieux réussi et qui m'amuse. Il trouve les autres ignares, c'est un savant, se plaint de la cuisine, c'est un gourmet, et du tabac, c'est un fumeur.

Ce gentleman qui fait parade de son habit noir, de sa barbe blanche et soignée, de ses mains fines et de ses ongles taillés en amandes passe son existence entre son lit, son déjeuner, son dîner, son lunch, son souper et son cercle, puis quand il rentre il s'enferme dans son cabinet de travail où il ne fait rien bien entendu à moins qu'il ne réfléchisse à la décadence de la cuisine à Guernesey, ou à la fragilité des tuyaux de pipe, il en casse beaucoup.

Les dames dans ce pays-ci n'ont aucune notion de la mode. En été comme en hiver, elles circulent avec des fourrures et des chapeaux de paille blanche ornés dans le goût anglais, c'est tout dire.

Je me suis aperçue ce matin d'une chose bien désagréable, mes pauvres souliers sont complètement usés !

Décidément Guernesey est un lieu de perdition pour les chaussures, elles prennent ici des airs lamentables. Je vais être obligée d'essayer des souliers anglais, c'est un crève cœur pour mon patriotisme, et... ma bourse. Qui n'a pas vu les pieds d'un Anglais a beaucoup perdu, c'est d'ailleurs la première chose qu'on est obligé de voir dans leur personne: c'est avec la plus innocente candeur et la plus grande liberté d'esprit qu'ils lancent de droite et de gauche leurs énormes pieds, au risque de vous écraser les vôtres.

On a beau me dire : admirez ceci, admirez cela, je m'entête à trouver quand même les îles anglaises au-dessous de leur réputation. Il n'y a qu'à aller à Dinan pour trouver aussi bien et même mieux. Quand on regarde de la tour Sainte-Catherine le village du Pont, les sinuosités de la Rance et le viaduc colossal, on a sous les yeux le plus beau tableau qu'on puisse imaginer. J'aime mon pays, je suis française dans l'âme.

Après ça toutes ces Anglaises ont une manière de s'exprimer qui ne me va pas du tout. Elles ne parlent qu'à demi-mot avec un ton de Pytonisse et des airs de supériorité qui m'agacent.

Je ne suis point émerveillée du confortable anglais dont on parle tant, tout au contraire, je trouve qu'il pêche en bien des façons. Sous prétexte d'hygiène, on a ménagé dans certains appartements les chambres à coucher, par exemple, de petits courants d'air fort désagréables.

Les lits sont aussi moëlleux que s'ils étaient rembourrés avec des noyaux de pêche. Madame va encore dire que je ne m'occupe que du côté matériel des choses comme dans mon journal de Jersey. Dame ! c'est la vie sérieuse et pratique, c'est la réalité et il n'y a que cela de vrai ; l'idéal c'est bon pour les gens riches, mais ceux qui ont besoin de travailler pour vivre n'ont point le temps de flirter avec leur imagination.

Une chose encore bien incommode, ce sont les croisées à guillotine, mais les indigènes y tiennent quand même pour deux raisons : 1º parce qu'ils seraient désolés de prendre nos fenêtres si commodes qu'elles soient, ce serait nous copier.

2 Parce que nous copier ce serait forcer leur orgueil monumental, d'avouer que notre manière de faire vaut mieux que la leur.

Tout le monde sait que l'Anglais est un être supérieur et impeccable. Toutes les nations sont de l'herbe St-Jean à côté de la sienne.

Imbus de ces excellents principes on comprend

tout ce que les insulaires de la Grande-Bretagne peuvent se permettre d'ébouriffant en tout genre et en tout pays, comme dit Madame, c'est le *self gouvernement* au profit de leur personnalité. Moi je n'ai pas de si belles expressions, mais il me semble que l'Anglais a l'air de dire partout : Il n'y a que moi au monde, ôtez-vous de là que je m'y mette.

C'est sans regret que je quitte Jersey et Guernesey, ces joyaux pour parler poétiquement jetés dans l'écrin bleu de la Manche, ces îles qui devraient nous appartenir ! Tout cela ce n'est pas le bon air de la patrie, hélas ! je ne suis pas à la veille de le respirer.

JOURNAL DE MADAME

CHAPITRE V

Les églises et les religions de Guernesey, Adieu au Trois sœurs.

Si l'éclosion des fleurs est abondante à Guernesey, la floraison des sectes religieuses ne l'est pas moins; seulement la botanique a, pour les premières, classé depuis longtemps les espèces, les variétés et les herboriseurs suivent scrupuleusement une classification dont ils reconnaissent l'autorité ; ici en fait de religion, c'est encore pire qu'à Jersey, c'est l'anarchie complète, il est impossible de s'y reconnaître.

Toutes les variétés du Protestantisme s'y rencontrent, ou à peu près, depuis le Ritualisme qui n'est autre que le Catholicisme soustrait à l'autorité du pape, jusqu'aux Anabaptistes qui n'admettent aucun sacrement, et à la Salvation Army (ou armée du Salut) qui, le dimanche, emplit les rues de sa musique, plus bruyante que mélodieuse.

Les églises paroissiales elles-mêmes n'appartiennent pas au même culte, et, c'est là qu'apparaît le mieux, sous une unité de nom cette division à l'infini qui semble être le châtiment de ceux qui s'éloignent de la véritable église.

En effet, tous les protestants font partie *nominalement* de l'église anglicane (les sectes dissidentes sont laissées presque partout aux commerçants et au menu peuple). Eh bien, de toutes ces différentes églises qui s'intitulent anglicanes, *pas deux* n'enseignent la même doctrine, et, ces différences ne sont point seulement, comme on pourrait le croire, dans les questions de détails, mais sur les points les plus importants, tel par exemple le culte des saints ou des morts, le Purgatoire, la présence réelle, la définition et même le nombre des sacrements.

Ce qui est le plus merveilleux, c'est que tous ces ministres, curés et vicaires, qui souvent dans la même paroisse n'enseignent pas la même doctrine, se font ouvertement la guerre de paroisse à paroisse. Pourtant, tout ce clergé anglican relève du *même évêque* et sort des *mêmes* écoles théologiques.

Mais, là où il n'y a pas d'autorité, et où l'interprétation des textes repose sur le libre arbitre, il ne peut y avoir que confusion. C'est ce qui fait que les protestants instruits de bonne foi désertent cette tour de Babel pour se réfugier dans l'église catholique ; un grand nombre très instruit aussi se jette malheureusement dans le scepticisme.

La paroisse principale est Saint-Pierre ; elle a pour succursale Saint-Barnabé, desservie par les mêmes ministres. Les principales églises, soi-disant anglicanes des différents quartiers sont : St-Etienne (en anglais St-Stephen), St-Jean (St-John), Trinité (Trinity) et St-Jacques (St-James).

Enfin, il y a dans chacune des neuf autres paroisses de l'île une église anglicane (dont l'enseignement varie suivant le ministre), et un nombre illimité et toujours croissant de chapelles dissidentes enseignant et pratiquant les cultes les plus variés. Parmi ceux-ci, les méthodistes, divisés eux-mêmes en plusieurs branches sont, je crois, en majorité. Guernesey ne compte guère que trois mille catholiques, dont les deux tiers sont anglais.

Je viens d'acheter quelques-uns de ces petits objets qui sont le mémorandum palpable du voyage et qu'on aime à offrir au retour. C'est une pensée, un souvenir ; ce rien, c'est plus encore, c'est le petit trait d'union de l'amitié.

Le vapeur chauffe, il faut partir.

Adieu, sœurs charmantes, îles enchantées.

Pendant que j'inscris mon nom sur le registre de l'hôtel, je grave dans ma mémoire votre riant souvenir. Adieu !

LONDRES

—

JOURNAL DE MADAME

CHAPITRE I

La traversée, Southampton, Arrivée à Londres.

Alea Jacta est ! Le sort est jeté.

Je me décide à visiter Londres et à passer une quinzaine à Oxford chez une vieille amie de ma mère qui m'invite depuis vingt ans... Je ne l'ai pas vue depuis mon enfance, mais nous avons conservé ensemble d'affectueuses relations épistolaires.

Ce projet était bien au fond de ma pensée, mais je n'en avais pas parlé à Suzette, de peur de l'effrayer ; elle se montre très émotionnée.

Le temps s'est remis, il est superbe, l'eau est aussi calme que l'air. *All right !* comme disent les Anglais. Nous naviguons dans une sécurité parfaite. Vers trois heures de l'après-midi nous apercevons une ligne grisâtre qui va grandissant : c'est l'Angleterre. Au fur et à mesure que nous nous approchons, les côtes se détachent, la terre apparaît ; nous distinguons maintenant les habitations. Beaucoup de ces jolis cottages sont en briques rouges, ce qui assombrit bien plus le paysage que des maisons blanches. Quand le soleil allume des flammes sur ces maisons-là, on croit voir un incendie. L'ensemble est riche et mélancolique ; c'est peut-être beau, mais ce n'est pas coquet.

Voilà cependant des arbres superbes, de belles demeures, de magnifiques châteaux, au premier rang celui de la Reine, beaucoup de verdure peu de fleurs.

Nous débarquons à Southampton. La Douane fait son devoir avec un zèle remarqable. Southampton m'a paru une ville déserte. Nous n'avons pas rencontré vingt personnes dans les rues à cause du dimanche, et cependant, c'est une ville intéressante à visiter : elle possède d'anciens monuments, de belles églises, un commerce marchand très actif et des chantiers de constructions considérables. Plusieurs quartiers sont neufs, mais c'est une très vieille ville qui fut bâtie par les Romains et se développa sous les Saxons. En 1339 elle subit un rude assaut : une flotte française l'envahit et la pilla.

LONDRES

Nous arrivons à Londres à dix heures du soir. Ah ! mon Dieu, quelle gare, quel dédale de trains ! comment sortir de là ? C'est à perdre la tête et l'on m'assure qu'à elle seule la ville de Londres compte cinq cent soixante-huit gares ou stations de chemin de fer. Il passe par jour à Clapham mille trois cent soixante-quatorze trains ; en 1881 le métropolitain a voituré cent dix millions de voyageurs !

JOURNAL DE SUZETTE

Nous voilà donc embarquées pour l'Angleterre...

Ah ! quel beau bateau. Je monte sur le pont, il n'y a personne, tout est silencieux, on dirait que notre navire marche tout seul, en apparence du moins ; c'est un grand spectacle que celui de la mer : se croire perdu dans l'infini, quelle sensation étrange et nouvelle pour moi, le doux balancement des vagues endort mon corps et ma pensée. Combien de temps vais-je rêver ainsi ? je ne sais, mais le vent fraîchit beaucoup, je vais chercher mon châle...

A midi j'ai servi le déjeuner de Madame : du jambon, des œufs et du thé. Pas d'apparence de mal de mer. Notre navire glisse gracieusement sur l'onde comme un oiseau ; décidément je m'imaginais ce voyage plus terrible... Nous croisons plusieurs bateaux qui vont en France. Ah ! les veinards ! Vers quatre heures nous apercevons les côtes d'Angleterre ; presque toutes les maisons sont rouges, quand le soleil les embrase elle font penser à messir Satanas. C'est comme une vision flamboyante de ses palais...

Les douaniers de Southampton visitent les malles avec une âpreté sans pareille. Les nôtres sont sens dessus dessous et l'une des serrures est brisée. Comment la réparer ? nous réclamons vainement un serrurier, c'est aujourd'hui dimanche. Il faut se rabattre sur des cordes et fermer nos caisses à la diable.

Nous avons le temps de donner un coup d'œil à la ville ; plus tard nous prendrons le train pour Clapham, faubourg de Londres, où nous devons nous arrêter quelques jours. Je serai très fière à mon retour de pouvoir dire que j'ai visité la capitale de la grande Angleterre.

Il ne faut pas visiter Southampton le dimanche : du reste toutes les villes anglaises sont tristes ce jour-là, chacun se retire *at home*, non pour méditer et prier, mais pour se réfectorer. Les trois principales occupations de cette sainte journée sont d'entendre l'office, de boire et de manger. Du haut au bas de l'échelle sociale tout le monde fête le rosbif. Le jour du Seigneur en Angleterre devrait s'appeler le jour du bœuf.

Ah ! comme cinquante lieues de mer changent les habitudes, les choses, les gens ! Nous voilà donc errant dans les rues de Southampton; Madame mourait de soif et moi aussi. Nous cherchons un restaurant quelconque, ils sont tous fermés ; nous avisons enfin une pâtisserie, son propriétaire parle un peu français ; nous lui avons demandé deux verres de bière. « Deux verres de bière, nous répond-il scandalisé, vous ignorez donc que le dimanche jusqu'à six heures il est défendu de boire hors de chez soi. » Par charité il nous apporte une carafe d'eau pour nous aider à avaler ses détestables gâteaux pétris à la graisse au lieu de beurre. Des gâteaux à me dégoûter à jamais d'épouser... un pâtissier anglais.

Enfin nous sommes dans le train pour Clapham. Ce chemin de fer ne vaut pas ceux de France, il est plus bas, moins confortable. On ne crie pas le nom des stations, et le service des bagages laisse beaucoup à désirer. On met son adresse sur ses colis et la gare de destination. C'est aux employés à se débrouiller pour les expédier et à vous de vous débrouiller pour les reconnaître à la gare d'arrivée. Cette perquisition à travers tant de bagages manque de charme. Sans moi je ne sais pas ce que Madame serait devenue... A partir de Londres, nous dit-on, les trains sont plus rapides et plus confortables. C'est à la lueur des lanternes que nous faisons notre entrée à Londres. En arrivant, pas plus d'omnibus que dans ma poche, il faut prendre un cab. Nous descendons dans un des plus beaux hôtels de Londres, Charing Cross. Deux domestiques hommes parlent un peu français, ce qui nous sera commode. Madame a une grande chambre, un grand lit où l'on coucherait quatre à l'aise, une grande cuvette où un enfant de dix-huit mois se noierait facilement, un grand... enfin tout est grand. Un ascenseur fait le service à tous les étages.

Nous voilà donc à Londres. C'est égal, je me sens bien dépaysée, et malgré moi je fredonne : *Pauvre exilé sur la terre étrangère*, etc. Sans doute je suis bien aise de visiter cette ville énorme, mais je serai encore plus contente quand j'en serai revenue.

J'ai bien dormi, c'est fort heureux, et je rends grâce à Dieu de n'avoir pas eu besoin d'allumettes, car il est défendu aux domestiques d'en avoir dans leur chambre à coucher ; on ne saurait prendre trop de précautions contre le feu.

JOURNAL DE MADAME

CHAPITRE II

Mes impressions sur Londres à vol d'oiseau.

Londres au premier aspect me paraît cent fois moins joli que Paris : il n'y a ni quais ni boulevards, le fourmillement des grandes rues et le grouillement des petites n'arrivent pas à lui donner l'air gai. Les magasins sont moins beaux, presque tous restent fermés le soir, été comme hiver ; la boue et la poussière sont noires, la brume aussi tant elle est imprégnée de toutes les fumées vomies par des milliers de cheminées ; l'hiver la boue est encore plus noire et le brouillard plus épais. On vit alors à la lumière des lampes et de bec de gaz, jour et nuit. Nous sommes en été, mais je comprends que l'hiver Londres soit la ville des ténèbres et du *spleen*. Beaucoup de rues sont pavées en bois ; les trottoirs sont larges, les principales artères le sont également, mais de ces belles rues on aperçoit de droite et de gauche d'horribles ruelles où glapissent des enfants en haillons, où des hommes et des femmes de mauvaise mine étalent une pauvreté indescriptible et que je n'ai jamais rencontrée à Paris. Ah ! c'est ici que les extrêmes se touchent ! Quel contraste effrayant ! L'excessive richesse et l'excessive misère se coudoient dans cette ville immense, la plus grande de l'Europe, la plus importante cité commerciale du monde et qui renferme quatre millions d'habitants.

La ville n'étant pas entourée de murs on y comprend d'énormes faubourgs et des villages contigus.

Londres renferme quantité de sociétés savantes : universités, écoles de droit, académies pour les arts et pour les sciences, les hautes cours judiciaires, les ambassades, des bibliothèques, des musées, des galeries, des collections en tout genre. Je n'ai point la prétention de visiter tout cela, il faudrait des mois. Je compte me promener à mon gré et ne suivre que les caprices de ma fantaisie sans itinéraire tracé.

JOURNAL DE SUZETTE

On dit que les *picpokets* sont légion à Londres. C'est inquiétant, mais on nous assure qu'il n'y a que les Anglais a être volés : tant mieux, je préfère cela. Notre hôtel est superbe, avec des glaces partout jusqu'en un certain endroit, où, à mon avis, le conseiller des grâces est fort inutile. La note sera chère au départ. Je suis sûre que la bourse de Madame en gardera un profond souvenir !

J'ai trouvé ce matin dans ma chambre une bible imprimée en français, attention délicate d'une longue miss anglaise, femme de chambre de l'hôtel qui s'est prise de sympathie pour moi. Elle m'appelle Suky, me disant que mon nom en anglais est bien plus joli que Suzette en français. Je vois ce qu'elle veut : me jeter de l'amitié au cœur et du protestantisme à l'âme, elle ne réussira pas ; d'ailleurs nous ne nous comprenons guère, ce n'est qu'à l'aide de grands renforts de signaux que nous pouvons échanger nos idées, ce n'est pas facile. Je n'aime pas les gens toujours prêts à vous évangéliser, surtout quand il s'agit d'une mauvaise cause ; les Anglais ne font que ça. On voit des sentences tirées de la Bible, partout, dans les gares, dans les monuments publics, ce sont des exhortations à n'en plus finir.

On étouffe ces jours-ci, mais la chaleur n'est jamais de longue durée à Londres. Dès le mois d'octobre, le froid et le brouillard reprennent leur empire. Il paraît qu'à midi quelquefois il ne fait pas plus clair qu'à minuit : alors, on allume les réverbères toute la journée, les policemen se promènent avec des lanternes, les voitures refusent de marcher et les voyageurs restent en panne.

JOURNAL DE MADAME

CHAPITRE III

Principaux quartiers de Londres, Ses plus belles rues, Ses monuments, Westminster, quartier excentrique, Le 18 juin à Londres, Portrait de l'Angleterre.

On partage Londres en six parties principales : au centre la Cité, la partie la plus ancienne de la ville, siège de tout le commerce, c'est le quartier que je préfère, il me rappelle Paris par son mouvement, ses magasins.

Westminster et West-End, quartiers de la Cour

du beau monde, des administrations, du Parlement et des gens de Justice ; East-End bâti dans la seconde partie du siècle dernier, consacré surtout au commerce maritime ; Soutwark et Lambeth, quartiers des manufactures, et enfin le quartier du Nord tout moderne et qui englobe plusieurs villages. La ville est assez régulièrement bâtie, mais les maisons en général ne sont pas très hautes ; Londres pouvant s'étendre en surface ne cherche point à s'agrandir en hauteur. Les plus belles rues à mon avis sont : Piccadilly, Oxford, Regent's-Street, Pall-Mall, Portland, Holborn, le Stand et beaucoup d'autres dont je ne songe pas à faire la fastidieuse énumération, les ponts sont très beaux, on cite particulièrement les ponts de Waterloo, Westminster, Black-Friars, Southwark et le nouveau pont de Londres ; le tunnel sous la Tamise m'a fort intéressée. Les docks qui reçoivent vaisseaux et marchandises sont magnifiques. On trouve un grand nombre de squares fort agréables. Les parcs et les jardins sont remarquables par leurs dimensions surtout ; les plus beaux sont le parc St-James, Hyde-Park, Régent's-Park, Green-Park, Pall-Mall, le Vauxhall, le jardin Zoologique. Parmi les monuments, il faut citer la cathédrale de St-Paul, l'abbaye de Westminster bâtie sous Henri III et Edouard Ier, sépulture des rois et Panthéon des grands hommes d'Angleterre, les églises de St-Etienne, St-Georges, St-Martin, St-Jean, l'évangéliste et l'église catholique des Pères de l'Oratoire à l'est de Kensington-Muséum le plus bel édifice de la Renaissance à Londres; le palais de l'Archevêque de Cantorbéry, les palais de St-James, de Buckingham, de Kensington, de Carltou-House, la Tour de Londres, ancienne prison d'Etat qui contient aujourd'hui un musée d'armes et les joyaux de la couronne. Beaucoup d'hôtels : hôtel de la Douane, de la Monnaie, l'hôtel de la Compagnie des Indes, la Banque, la Bourse, le Trésor, les Universités, les hôpitaux, les prisons, les théâtres dont les principaux sont : Drury-Lane, Covent-Garden, l'Opéra italien et le Diorama.

Londres qui est la capitale commerciale du globe, n'était qu'une bourgade sous les Romains. A diverses reprises elle éprouva de grands désastres, une épouvantable famine en 1258, une cruelle épidémie en 1665, et, l'année suivante, un terrible incendie qui consuma trente mille maisons. Cet incendie eut le même résultat que celui de 1620 dans notre vieille capitale bretonne. Comme l'oiseau fabuleux, Rennes et Londres sortirent de leurs cendres plus belles qu'auparavant.

Nous avons pris le chemin de fer souterrain où, entre parenthèse, on ne respire pas très à l'aise, et nous sommes arrivées à Hyde-Park, ce fameux Hyde-Park, dont je m'étais fait une idée magique, m'a causé une désillusion. C'est immense, voilà tout. Les arbres ne sont pas très beaux, et en ce moment les gazons sont brûlés, seul le lac est fort joli, l'allée des cavaliers et des amazones offre aussi un agréable coup d'œil ; cependant la partie appelée Kensington au sud du parc est très belle et plantée de beaux arbres, d'ormeaux principalement ; c'est dans cette partie que se trouve le palais, d'apparence bourgeoise, qu'occupent les vieilles dames d'honneur de la Reine lorsque l'âge de la retraite a sonné pour elles.

Le monument érigé en mémoire du prince époux est magnifique, il se trouve dans le parc à l'endroit le plus ombreux et le plus favorisé par la végétation. Ce monument représente le prince Albert plus grand que nature, entouré de quatre groupes : l'Europe, l'Asie, l'Afrique et l'Amérique. Ces statues sont en bois recouvertes de plâtre, aussi sont-elles déjà fort abîmées quoique peu anciennes. Il est regrettable qu'une si belle composition n'ait pas été exécutée avec le granit ou l'airain, elle aurait pu défier les ravages du temps.

Regent's Park me semble aussi vaste que Hyde-Park et présentant comme lui cette même beauté simple, grandiose, cependant qu'offrent les immenses pelouses d'émeraude et les grands arbres aux épaisses ramures, mais à la longue cela devient un peu monotone.

« L'ennui naquit dit-on de l'informité »
et je leur préfère bien le bois de Boulogne.

Les Anglais possèdent une perle qui, je le crains, n'a pas son égal en France. C'est Westminster-Abbey, un merveilleux palais de dentelle d'une immense étendue, avec accompagnement de tours élevées. Il se divise maintenant en deux parties, l'Abbaye proprement dite et le Parlement d'une splendeur et d'une richesse hors ligne.

On ne voit que chêne sculpté, peintures, tapisseries. La chambre du palais Bourbon paraît bien bourgeoise en comparaison de la chambre des pairs anglais. On ne peut visiter que le samedi, et encore faut-il une carte de lord Chamberlain.

Abbaye et Parlement ont été bâtis par les moines au temps où l'Angleterre était l'île des saints.

L'Abbaye est aussi splendide, c'est là, comme je l'ai dit, que reposent les rois d'Angleterre (sauf Henri VIII qui est à Windsor auprès de Jeanne Seymour) et les grands hommes qui ont illustré leur pays. Toutes les statues des tombeaux sont en marbre, il y a des groupes magnifiques, le chœur est en chêne sculpté à jour. On y voit des drapeaux de bien des pays, à commencer par les bannières des croisés, des armoiries de tous les seigneurs anglais, enfin, tout ce qui peut flatter la vanité humaine, l'orgueil d'un peuple le plus orgueilleux de la terre et qui se croit le premier partout. Quelle erreur ! Le veau d'or est son Dieu, et gagner de l'argent est sa seule supériorité ; c'est le fruit de son esprit mercantile, et, de ce côté là, je reconnais qu'il est allé très loin, mais sous le rapport des arts il n'est point en avant et sous le rapport de l'élévation des sentiments il est fort en arrière : la bonne foi, la justice, la vraie dignité de l'honneur et de la délicatesse le laissent fort indifférent ;

l'égoïsme féroce est son guide ; pourvu qu'il arrive à son but, faire fortune, tous les moyens sont bons, la réussite les justifie. Il dédaigne toutes les nations, et particulièrement la France. Il faudra certainement qu'un jour ce peuple soit abaissé.

> Jusques à quand, peuple farouche,
> Vivras-tu de haine et de fiel ?

Comme contraste, j'ai quitté Westminster pour parcourir en voiture un quartier excentrique. un de ces quartiers où jamais millionnaire n'a songé à habiter. A l'extrémité orientale de Londres se trouvent des régions très vastes, très peuplées, très mal connues, et dont la réputation n'est pas bonne.

« Toute cette partie est une *métropolis* à part — celle du travail manuel — aussi énorme, plus extraordinaire que l'autre, qu'elle fait vivre, qu'elle ignore et qui ne la connaît pas — ou qui la découvre par les divinations intermittentes de la charité privée.

Whitechapel est surtout le quartier du travail. Les métiers surabondent dans le fourré de ruelles qui écoulent sur la grande rue, dans les soirs d'été, une population drue, pullulante, énervée, secouée par des besoins d'espace, d'air, de tapage et de divertissement. Les femmes y portent souvent des chapeaux à plumes avec des caracos d'indienne troués, et c'est d'une esthétique fâcheuse.

A mesure que l'heure s'avance, les retardataires

retrouvent les noctambules sur les trottoirs ou dans le ruisseau.

Hommes et femmes se rejoignent dans les tavernes, c'est là qu'ils vont finir la journée et ce spectacle n'a rien de réjouissant ni de rassurant. »

Du côté de la cité il y a aussi des quartiers infects tout ce qu'on peut imaginer de plus horrible, sorte de cour des miracles comme autrefois à Paris. A moins d'être en nombre, les policemen même n'osent pas y aller ; un ou deux s'aventurant là n'en reviendraient pas, on les ferait disparaître suivant l'expression de Suzette, comme de simple muscade.

Je trouve que la cuisine laisse fort à désirer. Pour bouillon on vous sert du Liebig qui ressemble à de la colle un peu claire et on vous vend cet empoisonnement quarante-huit sous, et quelle patience il faut : on se met à table à sept heures et l'on mange à huit. Volontiers j'écrirais comme Voltaire qui revenait furieux d'avoir si mal mangé en Angleterre : « C'est à Londres qu'il faut aller pour jeûner, et que penser d'un peuple qui compte quatre-vingt-dix cultes et une seule sauce ! » N'est-ce pas M. de Lauraguais qui disait à son retour de Londres : « l'Angleterre, c'est un pays où il n'y a de fruits mûrs que les pommes cuites, et de poli que l'acier, et il ajoutait pour compléter le tableau : à Londres il fait huit mois d'hiver et quatre mois de mauvais temps. » Sans doute ce sont là des boutades fort spirituelles, mais aussi fort exagérées. Il y a eu chez nos voisins progrès dans l'art culinaire comme en toutes choses, cependant le sceptre de la cuisine raffinée reste à la France comme le sceptre de la mode. Pour tout ce qui est futil et charmant à la fois, nous n'avons pas de rivaux.

Aujourd'hui je ne trouve plus exagéré ce qu'un ami m'écrivait de Londres à la date du 18 juin :

« Les Anglais sont en liesse ces jours-ci : ils appellent ces petites fêtes le culte des gloires nationales ; en fait de gloires, les Anglais ne sont pas difficiles. Ils célèbrent chaque année l'anniversaire de la *défaite* de l'Armada, détruite par une tempête en 1588 ; de plus, ils se sont adapté Waterloo, comme ils se sont adapté les romans, les pièces de théâtre... Leurs histoires *ad usum studiosæ juventutis* feraient la joie de l'univers si l'on s'amusait à la lire de l'autre côté de la Manche. Ce ne sont que succès, ce ne sont que conquêtes et l'on se garde bien de mentionner qu'on était cent contre un dans ces lâches coalitions décorées du nom de victoires. Parlez-moi de la gloire de l'armée anglaise en Zoulouland, chez les Boers, en Egypte... Voilà de vrais succès, et bien digne de la grande nation désagréable.

« Quant à la bataille d'Yorktown, ce Waterloo anglais, qui, en 1791, a assuré l'indépendance de l'Amérique, les historiens du *jingoism* daignent à peine en parler.. Ce système, du reste, a du bon, puisqu'il donne ici à la jeune génération cette absolue confiance en soi, ce mépris inouï pour le reste du monde, ce souverain dédain pour tout ce qui n'est pas l'Angleterre. »

« Aujourd'hui Waterloo-Day, une trentaine de régiments, les Horse-Guards, les Coldstream, Royal Highlanders, etc., etc., ont paradé solennellement ; tous leurs drapeaux sont cravatés de guirlandes de laurier. Ce soir, les officiers banquetteront ferme, dans les casernes l'on chantera force couplets patriotiques sur l'air-scie de *Ta-ra-ra-Boom ! de ay !*

Et ces petites fêtes recommencent souvent, il n'y a d'ailleurs pas de raisons pour que cela finisse.

« Le 18 juin il faut absolument que l'Angleterre se *gobe*. Avec un tact infini, tous les insulaires que j'ai rencontrés aujourd'hui m'on lancé ce brocart : *What about the battle of Waterloo ?* »

« Il n'y avait qu'une chose à leur répondre : *What about the battle of Yorktown ?* cela ne rate jamais son effet. *It is a tit for tat. It shuts them up.* Cela leur rive leur clou. »

« L'étranger qui arrive à Londres et qui débarque à Waterloo-station, prend un cab qui traverse Waterloo-Street, Waterloo-Place, Waterloo-Bridge et qui le conduit à Waterloo-Hôtel. Waterloo-Square Dans l'antichambre ou hall, une réduction du Lion de Waterloo ; dans les chambres à coucher, des bustes de Wellington ; dans la salle à manger, des tableaux représentant l'armée française en déroute. Au menu du dîner figurent des bombes... glacées à la Waterloo, et si avant de vous coucher vous désirez prendre un verre de vin mousseux, votre stupéfaction ne connaîtra plus de bornes, quand le garçon vous apportera une bouteille revêtue de l'étiquette : *Waterloo-Champagne !* »

« C'est un vrai cauchemar. On rêve de Waterloo toute la nuit et quand vous vous éveillez le matin, on vous apporte du W*aterloo-chocolate*, du W*aterloo-soap* pour vous laver les mains, vous trouvez le plan de la bataille jusque dans les W...-C..., et pour comble le chien de l'hôtel a nom... W*aterloo !* Et il n'est pas muselé ! »

« Quelle douce chose que cette confiance en soi, qui fait de l'Angleterre, qui n'a pas d'armée, une nation forte ; qui fait de l'Angleterre, qui n'a pas de religion, une nation croyante ; qui fait de l'Angleterre, qui n'a pas de mœurs, une nation très morale (à la surface) ; qui fait de l'Angleterre, qui n'est pas monarchique, une nation essentiellement dévouée à la dynastie victorienne. »

Décidément, Paris et Londres sont deux villes bien différentes et qui ne se copient nullement. Même contraste existe dans le caractère des deux nations : le fond du caractère français est plein de bonhomie, le fond du caractère anglais est plein de morgue. En France, les jeunes filles sont surveillées ; en Angleterre, elles sont libres, une fois mariées leur situation respective change, les jeunes femmes françaises deviennent libres, et les jeunes femmes anglaises cessent de l'être.

Le cocher parisien prend sa droite et s'asseoit

sur le devant de la voiture, le cocher anglais prend sa gauche et s'asseoit derrière sa voiture pour la conduire.

Paris est une ville agglomérée, Londres est une ville très espacée ; l'aspect de Paris, bâti en pierres blanches, est gai ; l'aspect de Londres bâti en pierres et briques rouges, est sombre ; à Londres les maisons sont basses et habitées par famille, à Paris elles sont hautes et habitées par étages. Les besoigneux de Paris en parlant du Mont-de-Piété disent « ma tante », ceux de Londres disent « mon oncle. »

Les Anglais sont froids mais polis, les gens de service sont bien stylés et les gens du monde surtout lorsque vous leur avez été présentés sont remarquables par leur serviabilité. Ceci est l'Anglais pris individuellement, car, en principes, l'Angleterre est l'ennemie de la France. Elle lui a toujours été contraire et souvent néfaste. C'est elle qui, après avoir ameuté toute l'Europe contre Napoléon Ier se chargea simplement de le mettre en prison à Sainte-Hélène. Sous Louis-Philippe elle témoigna la même hostilité sourde à la France : par exemple elle la trouva bonne pour faire la guerre de Crimée et y dépenser son or, son sang et lui rendre service, mais en 1870 quand elle nous vit écraser par l'Allemagne, elle ne nous accorda pas une seule petite note d'intervention diplomatique ; impassible, elle assistait à nos désastres avec calme et sérénité.

« Prendre la défense de la France : Oh ! no, no, je n'y ai aucun profit, répondait la juste et tendre Albion. On le sait, d'ailleurs, les Anglais ne se battront jamais pour un principe, pour une idée chevaleresque ; mais, pour leur seul intérêt.

Mettez-vous en avant, mes petits amis, disent les Anglais aux autres peuples, brûlez-vous les doigts pour rôtir et peler les marrons, nous nous trouverons à point pour les manger ensuite.

Gaspard de Saulx-Tavannes écrivait, dès 1546, ce qui suit :

« Les Anglais se sont conservés en troublant leurs
« voisins. Il y a trente ans qu'ils entretiennent la
« guerre civile en France et en Flandre, désirant
« épuiser l'argent de l'un et de l'autre, et voilà
« trente ans aussi qu'ils meuvent les guerre entre
« les Espagnols et les Français, sèment, dilatent,
« embrasent le feu et le sang en la maison d'autruy
« pour faire prospérer la leur. »

« Trois siècles ont passé sur cette définition de la politique anglaise sans l'affaiblir : voilà ce qu'elle était hier, voilà ce qu'elle est aujourd'hui, voilà ce qu'elle sera demain. »

Je termine mon chapitre par cet autre portrait si vrai de l'Angleterre.

« Le peuple romain fut guerrier, théologien et légiste ; le peuple anglais est un peuple de commerçants, de jurisconsultes et de théologiens.

« L'un et l'autre sont esclaves des formules religieuses et des formules légales, à tel point qu'ils n'osent former la plus légère entreprise sans leur appui.

« Mais donnez-leur une formule ou une interprétation même pharisaïque, qui les mette en paix avec leur conscience, et vous les verrez tenter les usurpations les plus prodigieuses, commettre les crimes les plus horribles.

« Pour le peuple anglais, il n'existe que deux races dans le monde : la race humaine et la race anglaise, la première, abjecte, la seconde, très noble.

« Dieu mit la race humaine en possession de tous les continents et de toutes les mers, puis il créa la race anglaise pour la mettre en possession de la race humaine.

« Quand le peuple anglais ouvre la main et prend un empire, comme l'aigle ouvre sa serre et prend une colombe, vous avez beau chercher, vous ne trouverez pas sur sa physionomie la trace que laisse le remords sur la face de l'usurpateur, mais, au contraire, vous y remarquerez le signe de satisfaction d'un homme qui recouvre son bien.

« En entrant dans une ville qu'il met à feu et à sang, le peuple anglais est plus sûr de son droit que la cité même qui se défend contre lui.

« Ce peuple est le symbole de l'égoïsme humain en adoration devant lui-même et élevé par l'extase à sa dernière puissance.

« Et que va faire en Italie ce grand peuple avec son égoïsme gigantesque ?

« Il y va faire ce qu'il fait en Portugal, en Espagne, en Grèce (1).

« Il va jeter les bases de sa domination sur les ruines des autres dominations. »

Voilà le portrait.

Quel est le peintre ?

Donoso Cortès, dans son appréciation du règne de Pie IX.

JOURNAL DE SUZETTE

Les distances sont énormes à Londres ; voilà trois jours que nous roulons du matin au soir. Madame appelle cela voir Londres à vol d'oiseau, moi j'appelle cela voir Londres à vol de cab.

Le cab est une petite voiture à deux places, à deux roues, avec capote et siège derrière d'où le cocher conduit.

Dans les hôtels et restaurants, le service se fait fort lentement. On attend des petits quarts d'heure qui finissent par faire une heure. Notre impatience française est mise à rude épreuve, les Anglais attendent fort calmes devant leur assiette vide ; leur soupe ici est une affreuse colle qu'il est impossible d'avaler, ils ignorent la saveur agréable et bienfaisante d'un bon consommé. Au second potage de ce genre, Madame a juré sur la soupière

---

(1) Nous dirions aujourd'hui : au Transvaal, en Arménie, en Egypte.

de n'en jamais redemander ; par exemple, le rôti de bœuf est excellent, les cuisiniers indigènes feraient bien de s'en tenir là, ils n'ont aucune idée de ce qui est associable en cuisine, ni des mélanges savoureux, et je ne serais pas étonnée de voir un morceau de lard ayant mijoté pendant douze heures dans une purée d'oignons et de groseilles vertes se présenter ensuite entouré d'une ceinture de gelée d'abricots.

Même assemblage aussi ridicule dans les toilettes robe blanche en mousseline et pèlerine de fourrure. Les petites bourgeoises s'en vont ainsi costumées au marché, comme on le voit, l'été et l'hiver, promener continuellement bras dessus bras dessous. Malgré leurs chapeaux patagoniens, les femmes pour la plupart sont jolies.

Beaucoup de vieilles Anglaises, celles qui ont abdiqué toute coquetterie, portent les cheveux courts, coupés en brosse. C'est commode, mais ce n'est pas seyant. En somme, on voit plus de femmes jolies qu'en France, mais elles ont moins de physionomie et moins d'élégance, il leur manque la grâce, plus belle encore que la beauté.

JOURNAL DE MADAME

CHAPITRE IV

Mariage salutiste

Aujourd'hui, repos complet ; en ma qualité d'étrangère, la maîtresse d'hôtel pensant m'être agréable m'a offert une place pour assister à un mariage salutiste, je n'ai eu garde de refuser. Un mariage salutiste est un friand morceau qu'il n'est pas donné à tout le monde de savourer.

Voici dans tous ses détails cette cérémonie d'un nouveau genre.

« L'armée du Salut s'est mobilisée en masse, pour assister à la bénédiction du mariage de deux de ses hauts dignitaires.

Dès deux heures et demie, il n'y a même plus un petit banc de disponible au quartier général.

La maréchale Booth préside, assistée du commissaire général Clibborn, son époux dans le Seigneur. La salle est brillamment pavoisée d'étendards de tous les pays ; Anglais, Russes, Américains, Français, Suisses, etc., tout l'état-major salutiste est là.

On entonne la *Marseillaise* du Salut... avec accompagnement de cimbales et de grosse caisse... Zim, boum, boum...

Le général Clibborn se lève, invoque Jésus et fait l'éloge des nouveaux époux. Le héros de la cérémonie, le marié porte le jersey rouge sans ornements.

A côté de la maréchale, se tient une toute jeune fille, au long visage pâle, mystique, encadré d'une chevelure brune ; son pur profil, d'une candeur pensive, rappelle les vierges d'Overbeck. Elle est vêtue d'une robe noire en fourreau, tête nue ; sur sa poitrine brille, en lettres d'or cette devise : *De progrès en progrès*.

Le sermon de Monsieur Clibborn, coupé de « vive Jésus » et d' « Amen », chaque fois que la chute des périodes amène le nom du Christ, alterne avec des cantiques sur des airs connus et les sons éclatants des cuivres sacrés. C'est d'une gaieté qui exclut toute solennité et ramène forcément l'esprit aux souvenirs des parades foraines.

Mais voici l'instant décisif. Le général Clibborn invite les époux unis dès le matin devant la loi profane, à s'approcher. Il fait subir à chacun d'eux un petit interrogatoire sur ses devoirs de salutiste, reçoit leur engagement de se consacrer perpétuellement à l'œuvre commune, puis les laisse seul à seule.

Le capitaine passe au doigt de sa fiancée l'anneau nuptial et échange avec elle de mystérieuses paroles.

Tout est consommé :

> A toi, notre reconnaissance,
> A toi, Jésus, nos cœurs,
> Nous te devons la délivrance,
> La paix et le bonheur.

La maréchale Booth appelle la bénédiction d'en haut sur le couple. Mais, les hautes envolées de l'inspiration piétiste ne l'empêchent pas de penser aux réalités terrestres. Son discours se termine par un appel de fonds ; il manque mille cinq cents francs pour dégager la signature du capitaine. Le Seigneur, qui est au milieu des fidèles, les procurera.

— Amen, répond le chœur.

On attendait avec curiosité le « témoignage » que, suivant le rite, devaient rendre les nouveaux époux. Le capitaine a remercié le Seigneur des bienfaits qu'il lui accordait, précieux encouragement à persévérer dans le bien. Mais tout le succès de la séance a été pour sa jeune femme ; elle a parlé avec un aplomb ingénu qui désarmait le rire, et les applaudissements ont éclaté lorsque, résumants les sentiments qui l'animaient, elle a dit : « Le mariage n'est pour moi qu'une étape du salut. Le capitaine et moi nous sommes liés l'un à l'autre à la façon de ces Gaulois qui s'attachaient pour combattre et mourir ensemble. »

Et les psaumes de reprendre, et l'orchestre de

faire tapage ; en avant la musique ! zim, boum, boum !! La cérémonie est terminée. (1)

JOURNAL DE SUZETTE

Pendant que madame était à son mariage salutiste, la longue miss m'a enmenée à Sydenham voir le Palais de Cristal. Je m'attendais donc à un palais j'ai vu plutôt un immense serre renfermant des statues en petit nombre, des pianos, des dentelles, des tapisseries, des brimborions comme on en voit à tous les étalages, enfin une infinité de choses qu'il me serait impossible d'énumérer.

L'exposition chinoise est intéressante, ce qui est exotique attire toujours. Il y avait beaucoup de fils du ciel, ce sont des gens à figure jaune, yeux obliques, cheveux nattés comme une mèche de fouet ; Miss a parlé avec un Chinois et un Turc qui brodait assis à la mode de son pays. Ensuite nous avons vu une reproduction délicieuse d'une habitation de Grenade, c'est ce que j'ai trouvé de plus

---

(1) Hélas ! ces beaux jours sont passés ; la maréchale Booth est morte depuis et ce fut un évènement. On lut à cette époque dans les journaux :

Une dépêche de Londres nous annonce la mort de Madame Booth, femme du « général » chef de l'Armée du salut.

C'est en 1865 que le révérend William Booth, père de la maréchale, né à Nottingham le 10 avril 1829, eut l'idée de fonder, en prenant modèle sur l'organisation militaire, l'association chrétienne qui, grâce à l'énergie de son fondateur, obtint une si rapide extension.

Madame Booth, avec beaucoup d'enthousiasme, seconda puis-

beau ; nous avous parcouru une galerie renfermant des animaux empaillés dont quelques-uns habillés en homme et en femme, c'était comme une petite représentation des animaux peints par eux-mêmes.

Madame parle d'aller aux courses de Newmarket, moi je resterai à l'hôtel et j'aurai deux jours pour me promener à ma guise. J'en profiterai pour voir Londres plus tranquillement.

---

samment les efforts de son père. Elle publia plusieurs brochures qui furent répandues dans tous les pays.

Madame Booth, accompagnée de son mari dans ses « campagnes » réchauffait le zèle des prosélytes « officiers et soldats. »

On fait de grands préparatifs en vue de ses funérailles :

La veille un service divin sera célébré à Olympia, où l'on a placé vingt-quatre mille chaises. Tous les soldats de l'armée du salut présents porteront un brassard en signe de deuil.

Le cercueil sera surmonté de la croix de l'Armée du salut et portera cette inscription : « Catherine Booth, mère de l'armée du salut. Née le 17 janvier 1829, morte le 4 octobre 1890. Plus que victorieuse ! »

Pauvre femme ! Son orgueil de prêtresse nouvelle confinait à la folie. Elle officiait solennellement, mariait et baptisait ses disciples. Elle n'était plus une simple prédicante, elle s'était instituée le grand-prêtre, le pontife suprême de son église.

Que Dieu est pitié de son âme.

JOURNAL DE MADAME

CHAPITRE V

Le tunnel sous la Tamise, La chapelle Saint-Louis de France.

Je tenais beaucoup à voir le tunnel de la Tamise, dont j'avais souvent entendu parler par un de mes oncles, qui l'avait traversé en 1844. Je tenais à voir cette chose curieuse ; une route passant, non sous la terre, mais sous l'eau. C'est une œuvre, d'une scientifique originalité. De mon wagon de 1re classe, car ce tunnel est maintenant ligne de chemin de fer, je l'ai admiré sans jalousie, et même avec un certain orgueil, en pensant que c'est à un français que revient l'honneur d'avoir exécuté ce travail, d'avoir eu cette idée géniale, de réunir les deux rives de la Tamise, en passant dessous. Il s'appelait Brunel. Son entreprise, protégée par Wellington, subit cependant de grandes difficultés. On y travailla dix-huit ans, de 1825 à 1843, la dépense fut de douze millions et demi de francs. Cinq fois les travaux furent interrompus à la suite d'accidents. Ce tunnel a trois cent soixante-huit mètres de long, il est à cinq mètres, sous le lit du fleuve.

Cette œuvre si remarquable, n'eut aucun succès, au point de vue financier, et ne rapporta jamais un penny à ses actionnaires. Elle était même dans un complet état de délabrement, lorsqu'en 1865, le tunnel fut acheté cinq millions, par l'East-London-Railway.

La route de voitures fut transformée en voie de chemin de fer et, par ce moyen, les lignes du Nord et celles du Sud de Londres furent mises en communication en aval de London-Bridge, ce qui permit de gagner deux heures pour se rendre directement de Douvres ou de Folkestone à Liverpool ou en Ecosse.

J'ai aussi traversé le *Tower-Subway* vulgairement appelé le *Tuyau de Pipe*, qui date de 1870. Ce n'est qu'un simple tuyau de fer, n'ayant guère plus de deux mètres de diamètre. Deux personnes seulement peuvent y marcher de front. On accède au tuyau, par un vilain escalier en colimaçon. En bas, on trouve un tourniquet et un gardien auquel on donne un sou, l'on passe, et l'on se trouve dans le tuyau, dont le parquet est formé de trois planches. On y étouffe, on en sort baigné de sueur, tant la chaleur que dégagent les becs de gaz est forte et insupportable. Cependant, on estime à trois mille le nombre des personnes, qui traversent chaque jour la Tamise, dans le *Tuyau de Pipe*.

Saint-Louis de France, dans Little George Street Portman square, l'un des plus humbles sanctuaires de Londres, m'attirait invinciblement. J'y suis allée faire un pèlerinage. Ah ! cette modeste chapelle rappelle de pieux et tristes souvenirs. Hélas ! toutes les dynasties qui ont régné sur la France depuis près d'un siècle, sont venues prier là, dans l'exil et la douleur.

L'érection de cette chapelle remonte aux plus mauvais jours de la Révolution française. Elle fut fondée en 1793, par des prêtres, que la Terreur avait chassés de leur patrie. C'était le rendez-vous de tous les émigrés, qui venaient en grand nombre le dimanche, y entendre la messe. On y voyait les princes de la maison de Bourbon et la fleur de l'aristocratie française. Un jour, il fut donné à ces fidèles d'élite, de compter dans le chœur de l'humble chapelle, seize archevêques et évêques. « Lorsqu'arrivait le moment de la prière pour le roi, l'assistance se levait comme un seul homme et chantait le *Domine salvum*, avec un enthousiasme impossible à décrire. » On espérait alors contre toute espérance...

« Ce fut dans cette chapelle, que les obsèques de la reine, femme de Louis XVIII, furent célébrées sans pompe, mais avec une grande piété. Plus tard, après que la Révolution de 1848 eut envoyé la branche cadette en exil à son tour, ce fut dans la chapelle de Little George Street que le comte de Paris, le duc de Chartres, leurs cousins et leurs cousines firent leur Première Communion. Tous les princes et les princesses de la maison d'Orléans s'y rendaient chaque année pour les exercices de la Semaine Sainte et édifiaient les fidèles par leur recueillement. »

« Puis le vent des révolutions qui souffle périodiquement sur la France, comme le mistral sur les côtes de Provence, renversa l'Empire qui paraissait si fort, et Napoléon III vint avec sa famille demander une seconde fois asile à l'Angleterre. La veille de son départ pour le Zoulouland, d'où il ne devait pas revenir vivant, le prince impérial vint se confesser à la chapelle française de Little George Street. En sortant du Tribunal de la pénitence, il demeura longtemps en prière. On remarqua qu'il était agenouillé devant un tableau, don du roi Louis-Philippe, représentant la mise au tombeau de Notre-Seigneur. Le prince qui semblait animé d'une grande ferveur, ne pouvait détacher les yeux de cette toile. Etait-ce un pressentiment ? »

Pauvre jeune prince ! il dort maintenant du dernier sommeil à Windsor.

Dans cette petite chapelle, se sont fait entendre, tour à tour, les maîtres de l'éloquence sacrée.

L'abbé Combalot, le P. Milanta, le P. de Ravignan, l'abbé Deplace, le P. Félix, le P. Reculon, le P. Monsabré, le P. Didon, et d'autres encore.

Le consulat et l'ambassade de France y ont des bancs réservés.

Cette chapelle, tout en rappelant l'instabilité des choses de la terre, est pour les cœurs français, comme un reliquaire sacré du passé. Elle évoque les générations évanouies, les couronnes détachées du front royal, les empires disparus. Les trônes sont tombés, mais l'autel est resté debout !

La Religion demeure, avec ses sublimes espérances, et elle plane immortelle sur les ruines accumulées par les hommes et le temps.

JOURNAL DE SUZETTE

Madame est aux courses. La longue miss m'a procuré une matrone d'âge respectable, quarante-cinq ans (moi je lui accorde le demi-siècle), parlant bien l'anglais et pas mal le français. Fanny Smith, c'est son nom, consent à me piloter moyennant cinq francs par jour, les frais de voiture à ma charge, et la voilà déjà me traitant comme une dame. Je deviens sa maîtresse, c'est moi qui donnerai des ordres. Je vais trouver cela charmant, hein ! Deux jours de commandement dans une absolue liberté.

J'ai commencé par Saint-Paul que je voulais voir plus en détail, car pendant les trois jours que Madame m'a fait rouler du matin au soir, je n'ai fait qu'entrevoir Londres. Les rues et monuments, tout cela apparaissait et disparaissait comme dans une lanterne magique.

L'église Saint-Paul est immense, c'est une masse imposante, grandiose, mais encaissée dans un cercle de maisons, elle ne fait aucun effet ; il faudrait la contempler de loin et on est arrivé devant elle presqu'avant de l'avoir vue. Je pense qu'elle a bien cent cinquante mètres de long et les piliers de la nef n'ont pas moins de vingt à vingt-cinq mètres de tour. Elle peut contenir treize mille personnes à l'aise. L'intérieur est sévère et nu, j'y ai cependant remarqué quelques statues un peu décolletées pour un lieu de piété, même protestant. La statue de Wellington est, paraît il, un marbre de grande valeur. Six bas-reliefs en marbre représentant des scènes de la Bible sont également fort beau.

A mon avis Regents-park est plus agréable que Hyde-park, il a d'aussi beaux arbres, de jolis parterres dans le goût français, des fontaines, où tout le monde peut boire, et d'élégants pavillons où l'on trouve autre chose que de l'eau, des glaces, des pâtisseries et tous les rafraîchissements possibles.

La cité est le quartier qui me plaît le plus — c'est le commerce, le mouvement, l'animation comme à Paris.

La Tamise est bien large et bien sale.

En passant devant la caserne des Horse-guards miss Smith m'a fait entrer dans la cour pour admirer les plus beaux hommes du monde. Ils sont en effet d'une taille gigantesque et leur costume est superbe, culotte blanche, jaquette rouge chamarrée de blanc et or, bottes noires, shako couvert d'un immense panache blanc, avec cela six pieds, bien faits, l'air de le savoir, raides comme des piquets, et pas étonnés du tout qu'on les regarde, ils y sont habitués ; à cheval, avec leur cuirasse d'acier et leur casque de même métal, ils ressemblent aux statues équestres de l'antiquité.

L'ambassade française n'est pas une belle demeure, c'est bien petit et il est honteux pour les Anglais de ne pas mieux loger notre ambassadeur. Le Consulat très éloigné de l'ambassade est aussi peu de chose.

Quand la reine est à Londres, ce qui est rare, elle habite le palais de Buckingham, assez grand, mais pas remarquable. Saint-James-park qui se trouve devant est très joli ; les horse-guards donnent aussi dans ce park. Saint-James-palace, résidence de la cour, a l'air gai d'une prison. Malborough-palace où demeure le prince de Galles ressemble à une simple maison de particulier. Trafalgar-square est plus ornementé, une belle statue de Nelson en bronze s'élève au milieu, et aux quatre coins quatre lions en bronze plus gros que des éléphants complètent cet ensemble splendide. Là est la galerie nationale renfermant seulement quelques peintures de maîtres, mais je n'y suis pas entrée, il fallait encore payer.

Le Bristish-muséum, est un beau monument, contenant d'intéressants manuscrits enluminés ;

des lettres d'Henry IV roi de France, d'Elisabeth d'Angleterre, de Marie Stuart, d'Henry VIII, d'Anne de Boleyn, de Marie de Médicis, etc. Les cachets et sceaux des rois anciens, ceux de la reine Victoria. Quelques bronzes, beaucoup de momies égyptiennes, des statues grecques, les têtes en plâtre de Néron, de Caïus-Caligula, de Jupiter, de Junon, de Vénus et une foule d'autres curiosités que l'on voit heureusement pour rien. J'ai repassé devant les ministères qui sont vraiment d'énormes maisons.

En rentrant nous avons rencontré un pauvre garçon qui vendait de la lavande, mais personne ne lui en achetait, par charité, je lui en ai pris deux paquets, il avait l'air si malheureux, sa vue m'a gonflé le cœur. Je voudrais être riche pour pouvoir donner. Un peu plus loin, une jeune fille pleurait de désespoir de ne pouvoir vendre ses fleurs. Achetons-lui un bouquet, m'a dit Miss Smith, cette pauvre fille paraît honnête, elle n'appartient certes pas au cercle des *Street-Girls*, ces pâles et cyniques pauvresses dont les albums conservent le type si particulier. Ah! les Street-Girls, a continué mon interlocutrice, ce sont elles qui, loqueteuses et malpropres offrent en passant, au coin des rues, les bouquets de violettes salies, ce sont elles aussi que l'on rencontre au crépuscule, dansant la gigue dans les sombres carrefours, au son d'un vieux clavier discord ; et la nuit on les heurte parfois du pied sur le pavé, anéanties par les orgies du gin.

Que de misères à Londres ; Miss Smith m'assure qu'il y a des maîtresses de piano qui donnent des leçons à quatorze sous l'heure, et quatorze sous en Angleterre ne représentent pas sept sous chez nous. Ce soir nous allons à Covent-Garden, à bon marché, pour vingt-quatre sous. Ah ! En voilà une chance ! Miss Smith est une débrouillarde, elle a le truc pour dénicher les bonnes occasions. Lorsque la saison théâtrale est finie, on donne, l'été, pendant un ou deux mois des concerts dans cette salle. Je ne verrai pas de représentation, mais je suis bien aise de connaître un des plus beaux théâtres de Londres.

Covent-Garden

Il y avait beaucoup de monde, des hommes graves et des femmes fardées qui n'arrivaient pas à les dérider ; tout cela n'était pas une foule de premier choix. Miss Smith m'a glissé à l'oreille que la bonne classe, en Angleterre, ne va pas au théâtre.

La salle est très grande, éclairée par deux énormes lustres et des lampes à la lumière électrique. Les stalles sont blanches et or, mais les tentures sont fanées, aussi bien que les robes des chanteuses. Elles vocalisent délicieusement, mais quelle friperie que leur toilette ; ce sont des rossignols que le costumier du théâtre affuble de ses vieux *rossignols*.

On applaudissait beaucoup, il y avait des nègres habillés en dandys, qui gesticulaient, une canne à pomme d'or en main, et se bouffissaient comme des paons, ils avaient autant de bijoux qu'un homme peut en porter, de grosses bagues aux doigts, une épingle de cravate large comme une broche de dame et une montre d'or avec chaîne et breloques, qui faisaient autant de bruit que d'effet. L'un d'eux, même, avait des boucles d'oreilles. L'attraction irréfléchie pour tout ce qui reluit est, paraît-il, un goût donné aux races noires : les nègres adorent les bijoux d'or et d'argent, le métal qui brille. Eh bien ! c'est la même chose chez les corbeaux et les pies, qui sont la race noire des oiseaux.

A dix heures, nous avons été obligées de partir, pour ne pas rentrer trop tard. Il me semblait que nous venions seulement d'arriver.

L'air était doux et le ciel plein d'étoiles ; en les regardant, j'ai senti soudain mes yeux se remplir de larmes. Je pensais que sous notre beau ciel de France, ces mêmes étoiles éclairaient ma vieille mère et mes sœurs.

Notre dernière journée avant l'arrivée de Madame a été aussi bien remplie : visite à l'Aquarium, à la Tour de Londres et à Greenwich.

On paie un schelling par personne, à l'entrée

de l'aquarium. Je n'y ai pas vu grand chose, des phoques et des plantes vertes très belles. Mais l'aquarium a une autre attraction que je préfère. Au centre se trouve un cirque où l'on fait de la haute école à cheval et des exercices vélocipédiques très remarquables. On voit encore des lions en cage, stylés par un nègre et sautant des barrières ; ce spectacle dure deux heures, on en a vraiment pour son argent. Miss Smith m'a fait remarquer l'aiguille de Cléopâtre ; dame ! celle-là ne se perdrait pas dans une botte de foin : c'est un magnifique monolithe apporté d'Egypte. J'ai croisé un Ecossais, mais trop rapidement, j'aurais voulu voir son costume plus en détail : jupon court plissé vert et noir, jambes nues, écharpe prenant de l'épaule droite rattachée sous le bras gauche et descendant presque jusqu'aux pieds, grand chapeau avec plumes retombantes, sabre au côté, fusil sur l'épaule, l'ensemble est charmant.

La Tour de Londres se compose de bien des tours, mais on n'en visite que deux. Celle qui contient les joyaux de la couronne ne m'a pas émerveillée : il y a peu de bijoux, mais beaucoup de vaisselle d'or, des sallières particulièrement. Les joyaux se composent de trois couronnes dont la plus belle, celle de la reine, est couverte de diamants ; la couronne du Prince de Galles m'a paru fort modeste. On nous a montré la chambre très étroite au pied d'un escalier où les enfants d'Edouard ont été tués. Nous parcourons plusieurs salles garnies d'armes et d'armures. On nous fait aussi remarquer une statue de la reine Elisabeth à cheval et le plan en relief du monument que nous visitons, cette fameuse tour de Londres où les souvenirs ne sont pas gais. Nous entrons ensuite dans la tour des personnages célèbres ; les murs sont couverts des initiales, noms, et armoiries des malheureux qui ont passé par là. Dans la cour on montre la pierre où furent décapitées Anne de Boleyn, Jeanne Seymour et Catherine Howard, cela donne le frisson ; autrefois les favorites des rois payaient bien cher leur triomphe.

Les gardiens ont un costume moyen-âge très chic, le voici: chapeau de velours noir tout froncé et entouré de faveurs rouges, bleues et blanches, pantalon noir et rouge, tunique noire avec plastron de flanelle rouge représentant des fleurs de lys et les lettres V. R., Victoria Reine ; cette tunique est serrée à la taille par une ceinture de cuir fermée avec une grosse boucle en cuivre.

Nous avons pris le bateau pour aller à Greenwich, une grande ville sur la Tamise, à deux lieues de Londres ; pendant tout ce parcours, les bords de la Tamise sont entièrement livrés au commerce, et la rivière aux bateaux, elle en est littéralement encombrée, c'est un mouvement extraordinaire.

On va voir à Greenwich, 1° le magnifique hôpital des Invalides de la marine, bâti en 1696, sur l'emplacement d'un ancien palais des rois d'Angleterre.

2° l'Observatoire, qui est célèbre ; il fut fondé en 1775, par le roi Charles II. Une fabrique d'instruments d'optique et de navigation y est attachée. L'observatoire est très haut perché, dans un parc superbe, dessiné par un Français, Le Nôtre. Nous sommes grimpées jusqu'au haut, bien résolues à tout voir... hélas ! on ne peut pénétrer à l'intérieur. Nous avons dû nous contenter de la vue qui de cette hauteur embrasse un vaste horizon. De petites marchandes établies dans le parc nous ont vendu des gâteaux et de la bière. Après nous être restaurées, nous avons visité une salle de peinture, dont Nelson est le héros ; on le voit à différents âges et dans toutes les positions, assis et debout, de profil, de trois quarts et de face. Nous avons aussi donné un coup d'œil à la station des yachts royaux. En face, de l'autre côté de la Tamise, se trouvent les docks et chantiers de la Compagnie des Indes.

Après avoir parcouru quelques rues, comme je ne voulais pas m'attarder, à cause de l'arrivée de Madame, nous avons repris la route de Londres.

JOURNAL DE MADAME

CHAPITRE VI

Les courses de Newmarket.

Il me semble impossible de venir en Angleterre, sans y voir au moins une de ses courses tant vantées. J'aurais bien désiré aller à celles d'Epsom, fondées depuis plus d'un siècle, en 1779, et qui ont un si grand renom, mais nous sommes bien loin du 21 mai, jour où elles ont lieu chaque année, et je suis allée à Newmarket, dont les courses classiques, demi-classiques, les steeples, les handicaps, sont également célèbres.

Newmarket est une petite ville où l'on se rend de Londres, en deux heures, par le chemin de fer Great-Eastern. Les courses y sont organisées sur une grande échelle. Quarante-cinq entraîneurs publics ont sous leur direction deux mille chevaux de courses. Les courses et les régates sont pour l'extérieur les solennités mondaines par excellence, la *great* attraction des Anglais, c'est leur passion dominante. Les parieurs, les uns pour les chevaux, les autres pour les bateaux, se lancent dans la carrière à fond de train, c'est le cas de le dire ; les paris sont insensés !

En définitive, c'est toujours le jeu, le jeu sur un tapis vert de gazon ou d'eau, au lieu d'être sur un tapis de drap. Je me suis fait mettre au courant des principaux termes de la langue chevaline, termes qu nous avons empruntés, je me demande pourquoi, car il me semble que le français est une langue assez riche par elle-même, pour se suffire, sans avoir recours aux autres. Il y a plus de deux cents ans qu'Amyot disait : « La langue française n'est plus cette pauvre gueuse à laquelle le grec et le latin faisaient l'aumône » et aujourd'hui nous avons encore moins besoin d'emprunter ailleurs, surtout aux Anglais, qui seront toujours nos voisins sans jamais vouloir être nos amis.

On me répond : c'est la mode, il faut la suivre. Soit, je m'incline, mais non sans faire quelques restrictions. *Sport* veut dire en anglais *divertissement*, courses, chasses, gymnastiques, joutes sur l'eau, lawn-tennis ; j'admets ce mot, puisqu'il comprend à la fois tous les exercices en plein air.

Mais pourquoi dire : arriver sur le *turf* (gazon), plutôt que sur le champ ou la piste. Pourquoi dire le *ring*, littéralement le *rond*, plutôt que l'enceinte, pour désigner le lieu où se réunissent les grands amateurs et les parieurs forcenés.

Betting signifie tout simplement *pari* et *Starting* *départ*.

Pourquoi appeler *steeple-chase* cette course hérissée d'obstacles, rivière, palissades, murs, haies, fossés, et dont le vrai nom est course *casse-cou*.

Dead-heat veut dire que les chevaux arrivent ensemble ; quel inconvénient y aurait-il à dire course nulle, où les chevaux sont arrivés tête à tête ? Pourquoi ne pas prononcer la *tribune* au lieu du *stand*, le *concours* ou la *lutte* au lieu du *match*, le *haras* au lieu du *Stud* ?

Dame ! pourquoi ? je répondrai en anglais : That is the question, comme disent ceux qui veulent se donner des airs savants et passer pour connaître Shakespeare par cœur.

Jusqu'ici je n'avais jamais pu lire jusqu'au bout les articles de courses dans nos journaux, cela me faisait un peu l'effet du sanscrit ou du chinois.

Je m'en tenais à la spirituelle boutade de *Bernadille* sur l'agréable vocabulaire des courses « il faut suivre, dit-elle, la gradation des sentiments qu'il produit sur l'esprit des lectrices qui débutent par l'impatience et finissent par l'horripilation.

« *Gentleman-rider* les intrigue ; un propriétaire qui déclare *forfait* les inquiète : comment devineraient-elles qu'il s'agit ici d'une amende, d'un dédit, — *forfeit*.

« Le handicap les étonne, elles ignorent qu'un *handicap* est une course où l'on admet les chevaux de force et de mérite différents, en égalisant autant que possible par des suppléments de poids les chances de victoire ?

« Le *stud book* les agace ; les *book makers* les irritent ; au *betting-ring*, elles sont rouges de colère, un cheval *disqualified* leur arrache des cris de désespoir, et la *performance* des signes d'aliénation mentale. »

Si cela continue, il sera nécessaire d'apprendre l'anglais avant de pouvoir lire certains journaux français.

Il faut voir comme les Anglais, généralement si froids, s'animent sur le turf. Il y a un demi-siècle, quand la société pour l'encouragement et l'amélioration des races de chevaux en France accordait aux vainqueurs des hippodromes douze paniers de vin de Champagne, les courses en Angleterre remuaient déjà un comté tout entier ; cependant les Anglais ont encore beaucoup de chemin à faire pour atteindre à la hauteur des anciens Polonais qui placèrent un jour sur les quatre fers d'un cheval les destinées de leur patrie.

Leur histoire rapporte que, le roi étant mort sans héritier, tous les palatins se montraient prêts à entrer en lutte armée pour conquérir le trône ; soudain on décida de s'en remettre au hasard d'une course, celui des Palatins qui arriverait « bon premier » serait couronné roi. Ce procédé peu ordinaire eut les meilleurs résultats, la guerre prête à s'allumer s'éteignit comme par enchantement et la nation eut son roi.

Le cheval de courses en France comme en Angleterre est un patricien qui a son état civil très bien tenu ; on pousse même les choses plus loin depuis une quarantaine d'année, on conserve le portrait des grands vainqueurs.

Old England est forte pour les portraits. La reine Victoria n'a-t-elle pas un *musée canin* renfermant le portrait de tous les petits toutous qu'elle a aimés ?

Je ne sais quel sera plus tard le sort des chiens de sa gracieuse Majesté, mais les chevaux passeront à la postérité « leur nom figurera dans le dictionnaire Larousse à côté de Bucéphale dompté par Alexandre, d'Incitatus fait consul par Caligula, de Vaillantif tué sous Roland dans le défilé de Roncevaux, de Bubiéca la cavale du Cid, de Rossinante l'idéal coursier de Don Guichotte. Les chroniqueurs ont négligé de nous transmettre les noms des chevaux des quatre fils Aymon, c'est regrettable ! Je termine ici ma liste des chevaux célèbres sur laquelle je pourrais inscrire encore le cheval de *Troie* qui était en bois, et le cheval de bronze d'Auber qui sera toujours en musique. »

Les courses de Newmarket ont presqu'autant d'importance que celles d'Epsom, elles m'ont vivement intéressée. Je suis revenue très satisfaite de mon excursion et très enthousiasmée des beaux chevaux que j'ai vus, les uns courant sur le turf, du stand où j'étais fort bien placée, les autres au repos, dans le *stud* que j'ai visité ensuite. Ciel !

je m'arrête ! aurai-je par hasard des dispositions à devenir une *horse women* et parler la langue des chevaux.

Ici j'y suis presque obligée, mais en France je ne me le pardonnerais pas. Vive partout, même aux courses, notre belle riche et harmonieuse langue !

JOURNAL DE SUZETTE

Il m'est impossible de décrire tout ce que j'ai vu depuis quelques jours. Tout cela encombre ma mémoire, et danse dans ma tête une sarabande effrénée. Quand de retour au pays, on me demandera des détails sur Londres, je montrerai mon journal à mes amies, aux autres je me bornerai modestement à répondre ceci : Qui n'a pas vu Londres, ne peut se faire une idée de cette ville immense, avec ses millions d'habitants. Elle est plus peuplée que plusieurs Etats d'Europe, tels : la Suisse, la Bulgarie, la Saxe qui n'ont chacune que trois millions d'âmes. Londres a deux fois plus d'habitants que la Grèce, le Danemark et la Norvège qui ne comptent chacun que deux millions d'habitants ; et sa population s'accroît chaque année de soixante-dix mille personnes. Ma vanité satisfaite de ces comparaisons et de l'ébahissement de mes auditeurs, j'ajouterai pour finir : Voilà ce qu'est Londres, une ville extraordinaire, sans rivale, la plus grande ville du monde et je la connais!...(1)

---

(1) Depuis l'époque où ce journal a été écrit (1885), Londres s'est fort agrandi en population et en étendue. On se moque parfois de la statistique, on a tort, elle rend service. Appuyée sur les chiffres et les faits, elle maintient la vérité et donne une juste idée des choses. A l'heure actuelle, voici les renseignements que *Le Cosmos* donne sur la ville de Londres.

La surface de Londres est de 441.559 acres anglaises, représentant une étendue de 176.623 hectares 60 ares. Plus grande que celles de Paris, New-York et Berlin réunies!

Tous les habitants d'Edimbourg pourraient s'asseoir dans les théâtres et cafés-concerts de Londres et il y aurait encore 20.000 sièges de libres.

La population de Londres est aujourd'hui de 5 millions et demi d'habitants, elle augmente de 105 000 âmes par an, et l'on a calculé que dans 45 ans elle serait de 10 à 12 millions, en progressant chaque année dans les mêmes proportions.

Il y a 700 abreuvoirs pour les animaux.

Les restauraurants servent 950.000 déjeûners par jour,

Il y a 1.000 bureaux de poste, 600 hôtels, 7.600 cabarets qui placés côte à côte, iraient de Londres à Portsmouth, 12.000 bateaux de plaisance sur la Tamise, dont la population flottante s'élève à elle seule, à 300.000 personnes.

La longueur des lignes de trammway atteint 226 kilomètres (et on ne trouve des tramways que dans les quartiers excentriques de la ville); celle des rues mises bout à bout donne le joli chiffre de 11.250 kilomètres.

Les rues sont éclairées par plus d'un million de réverbères.

Il passe devant Mansion House, la résidence du lord-maire, 300 omnibus par heure, et dans Cheapside, la rue principale de la Cité, au bout de laquelle se trouve Mansion House, il défile 23.000 chevaux en 12 heures.

En voulez-vous encore, des chiffres ? Voici : 60.000 femmes gratte-papier, 12.000 employés de théâtre, 34 à 35 mille médecins environ, 5.000 dentistes. Hein ! 40.000 familles vivant des maladies des autres, sans compter les pharmaciens. C'est assez joli.

Il naît 400 enfants par 24 heures ; il y a 100.000 ouvriers de nuit, 200.000 domestiques ; chaque jour il est fumé plus d'un million de cigarettes, et plus de 200.000 cigares. On fabrique 90.000 pianos par an.

La quantité d'eau bue journellement formerait un lac de 570 mètres de long, de 182 mètres de large et d'une profondeur uniforme de 1^m,82.

On a calculé (comment, les savants vous l'expliqeeront), que le vaste nuage de fumée en suspension sur Londres pèse 304.500 kilog. dont 50.750 kil. de poussière de charbon et 253.750 kil. d'hydrocarbure.

2.200 trains quittent les gares de Londres toute les 24 heures. Entre 10 heures du matin et 11 heures du soir, 1600 trains partent chaque jour, pour les divers terminus de l'intérieur de la ville, ce qui représente plus de 120 trains à l'heure ou 2 trains à la minute, non compris les trains du *Métropolitain* et du *Métropolitain District*.

En chiffres exacts, la capitale de l'Angleterre, compte 5.635.332 habitants ; plus que le Portugal, autant que la Suède, presque autant que la Belgique.

Londres a deux fois plus d'habitants que le Canada, qui est grand comme l'Europe entière, et un million d'habitants de plus que l'Australie.

WINDSOR

—

JOURNAL DE MADAME .

CHAPITRE VII

Windsor est une petite ville de huit mille âmes qui s'est groupée autour du château royal, séjour préféré de la Reine Victoria. Windsor est donc un magnifique château gothique avec remparts et fossés, bâti sur une élévation d'où la vue s'étend fort loin. Une immense forêt de cent kilomètres de tour fait partie du domaine de Windsor.

Fondé par Guillaume le Conquérant, augmenté par Edouard III et sans cesse embelli par ses successeurs, ce château est vraiment une demeure royale digne de la reine d'Angleterre, impératrice des Indes.

J'ai admiré la chapelle royale et la chapelle Saint-Georges où sont reçus les membres de la *Jarretière*; la terrasse qui a près de six cents mètres de long est vraiment splendide.

« Madame monte à la tour si haut qu'elle peut monter » c'est ce que j'ai fait. Je suis montée à la plus haute tour de Windsor, pour jouir d'un horizon sans limites. Le regard s'étend sur douze comtés.

Les salons que j'ai visités sont somptueusement meublés. Du reste, des trésors en tous genres, artistiques et autres, s'accumulent ici depuis des siècles. N'est-ce pas à Windsor dans les appartements particuliers de la reine que se trouve le chef-d'œuvre de notre manufacture de Sèvres, un service à dessert, estimé un million deux cent cinquante mille francs. (1) Commandé pour Louis XVI, il fut acheté par George IV, alors prince régent. Le fond est gros bleu, avec des dorures merveilleuses, du célèbre Leguay, et des peintures exquises en médaillon, par Dodin.

Cette visite à Windsor, m'a vivement intéressée ; je la classe parmi mes meilleurs souvenirs de voyage.

---

(1) On cite comme venant après ce service, celui du palais impérial de Saint-Pétersbourg, et le service à dessert de Sèvres, de lord Oxenbridge, qu'on estime 250.000 francs.

JOURNAL DE SUZETTE

Nous ne sommes pas allées directement de Londres à Oxford, nous avons fait un petit crochet pour visiter Windsor, où nous avons commencé par déjeûner, dans un hôtel de belle apparence. On nous a servi des œufs et du jambon, qu'on mange ensemble ou séparément, à sa guise. C'est le menu invariable et traditionnel du matin, dans la grande Angleterre. Du jambon cuit ou du jambon crû, du jambon aux œufs ou du jambon aux pommes de terre, du jambon toujours ; comme c'est agréable pour ceux qui ne l'aiment pas !

Tout cela se mange avec un trident. En France les fourchettes sont à quatre dents, en Angleterre elles n'en ont que trois. Par exemple, on nous a servi un nouveau dessert que nous ne connaissions pas ! On nous a servi — Lucullus et tous les cuisiniers des temps anciens — Brillat, Savarin, Vatel, Carême, Trompette, et tous les chefs des temps modernes, voilez-vous la face, — on nous a servi comme dessert sous le nom de croquettes croquantes et dorées de petits morceaux de pain (des restes sans doute) desséchés au four. Hein ! jolies croquettes bien réussies et bien goûtées surtout ; j'étais indignée. Madame a pris la chose plus philosophiquement et s'est mise à rire. Ma pauvre Suzette, calmez-vous, m'a-t-elle dit, cela me rappelle un mot de Chamfort qui peut s'appliquer ici : « Il y a des gens, écrivait-il, qui ont plus de dîner que d'appétit, alors que d'autres ont plus d'appétit que de dîner. » Ce dernier cas est le nôtre aujourd'hui.

C'est à Windsor que demeure ordinairement la reine, car elle n'aime pas Londres. Son château est très considérable, il a l'aspect d'un château-fort bâti en petites pierres, ce qui n'est pas joli comme la pierre de taille. Nous sommes montées sur la plus haute tour d'où le panorama est splendide. La visite des appartements m'a bien intéressée, surtout la salle du roi Georges où l'on donne les banquets. Sur les murs s'étalent les armes de tous les pairs d'Angleterre. Le grand salon de réception est très beau, le meuble est doré et recouvert en satin rouge broché, le plafond guilloché est blanc et or, plusieurs salles sont tendues en tapisserie des Gobelins, avec des plafonds dorés, c'est même un peu trop chargé. Nous avons visité la chapelle de la reine; le chœur est en chêne sculpté ainsi que les sièges de la famille royale. Très jolie est aussi la chapelle érigée en mémoire du prince Albert, l'époux de la reine. J'ai vu le tombeau où reposent ensemble Henri VIII et Jeanne Seymour. J'ai salué respectueusement le monument élevé au petit prince impérial tué si malheureusement chez les Zoulous.

Les gardes sont des grenadiers habillés de rouge et coiffés d'un chapeau à poil.

En partant, j'ai demandé à un domestique de la

reine, tout habillé de noir, à cause de la mort du duc d'Albany, l'heure exacte du train pour Oxford ; c'est avec toute la dignité due à son rang qu'il m'a donné ce renseignement, en me tirant son chapeau aussi respectueusement que si j'avais été membre de la famille royale. En voilà des domestiques, dont le sort fait envie... Plus heureux que bien des maîtres !

Oxford

—

JOURNAL DE MADAME

CHAPITRE I

Arrivée à Oxford

Mes premiers jours à Oxford ont été consacrés à l'amitié. Il est si doux de parler du temps passé, avec ceux qui l'ont vécu, de parler de la génération qui précéda la nôtre, avec les derniers contemporains de cette génération. Le souvenir de ma mère bien-aimée planait sur tout ce que nous disions, le passé me ressaisissait tout entière. Par instant il me semblait qu'elle était là, que j'allais l'entendre, la voir... Chère bonne mère, elle avait bien placé son affection, et sa vieille amie m'a délicieusement reçue. Chacune de vos lettres m'a-t-elle dit, me donnait du soleil pour toute la journée. La distance disparaissait, mon affection vous évoquait, ma pensée retrouvait la vôtre et j'avais la tendre illusion de me croire près de vous. Aujourd'hui je tiens la réalité, quel bonheur ! Quand on est entré dans mon cœur, c'est pour la vie, autrement, l'amitié ne serait ni sincère, ni vraie.

Malgré son existence qui s'écoule en Angleterre, le snobisme britannique ne l'a pas atteinte. Elle est restée bien française par le cœur et par l'esprit. Aujourd'hui, on est un peu brutal dans ses idées, un peu crû dans ses expressions, cela s'appelle du *naturalisme*, un long mot, que personne ne comprend guère, pas même ceux qui s'en servent le plus.

Mon amie au contraire a gardé des expressions élégantes et choisies, et pratiquant l'art du bien dire, fait tout passer sans choquer personne. Et je suis heureuse de nos causeries, comme elle est heureuse de ma présence. Ah ! que j'ai bien fait de venir !

JOURNAL DE SUZETTE

Nous voilà donc arrivées chez l'amie de Madame. Cette amie habite une belle maison, bien confortable, elle a plusieurs domestiques ; c'est une vieille dame riche. D'ailleurs ce n'est pas en Angleterre qu'il faut venir habiter lorsqu'on n'a pas de fortune. Au contraire, beaucoup d'Anglais quittent leur pays par raison d'économie, et si nous voyons certaines villes françaises, encombrées d'Anglais, c'est qu'ils y trouvent leur avantage, et vivent bien plus à l'aise chez nous que chez eux.

J'ai une assez jolie chambre, mais ce n'est pas tout dans la vie, et mes débuts ne sont pas heureux. Mauvais sommeil, nuit détestable à digérer laborieusement l'affreux pain pas cuit, qu'on mange ici comme du gâteau. Ah! ces Anglais, ils ont un estomac à rendre des points à toutes les autruches de la création.

JOURNAL DE MADAME

CHAPITRE II

La ville d'Oxford, ses collèges, ses musées, ses promenades.

Oxford passe à bon droit pour être une des plus jolies villes d'Angleterre.

C'est une ville essentiellement protestante ; sur

quarante mille habitants il n'y a que quatre cents catholiques.

Oxford possède une fabrique de Bibles, c'est par milliers qu'elles s'en vont chaque jour inonder les colonies et le monde entier, et une Université fondée au commencement du XIIe siècle, disent les uns, dès le Xe siècle, par Alfred Le Grand, disent les autres. En tout cas, cette Université célèbre compte vingt-quatre collèges tous plus beaux les uns que les autres : Saint-John's, Magdalen, Kable Christ-Church, Trinity, Queen's, New-Collège, etc. Cette Université est généralement dévouée aux principes des Tory (elle envoie deux députés au Parlement) et à l'église anglicane. Cependant c'est dans son sein qu'a pris naissance le *Puseysme*, encore une nouvelle secte que ma bonne amie m'a expliquée. Son principal auteur est le docteur Pusey, chanoine de l'église du Christ et professeur d'Hébreu à Oxford. Sauf qu'elle déclare la loi indépendante du pouvoir pontifical elle se rapproche du catholicisme sur les points les plus importants. Elle rétablit la messe, la Confession, la pénitence, le jeûne, l'invocation des saints.

Inquiétés par l'épiscopat anglican qui ne les voyait pas d'un bon œil, la plupart des Puseyistes ont ouvertement embrassé le catholicisme.

Tous les collèges ont des jardins ou des parcs, de sorte qu'il est impossible de trouver une même ville ayant autant de promenades et d'aussi belles.

Oxford possède encore plusieurs halls, édifices

pour loger les étudiants, plusieurs bibliothèques parmi lesquelles la *Bodléienne*, comptant plus de deux cent mille volumes et vingt-cinq mille manuscrits, une belle galerie de tableaux, un musée d'histoire naturelle, un jardin botanique médiocre.

Cette ville fut prise d'assaut en 1067 par Guillaume. Elle devint pendant quelque temps l'une des résidences des Rois ; c'est là que furent rédigées en 1258 les *Provisions* dites d'*Oxford*. Charles Ier s'y retira pendant la guerre civile.

JOURNAL DE SUZETTE

Ma consolation ici, c'est la gouvernante, Miss Emily, une jersiaise, d'origine bretonne, parlant français. Il est facile de voir que la perfide Albion ne tient aucune place dans son cœur. Elle aime sa maîtresse qu'elle sert fidèlement depuis 30 ans, mais elle n'aime pas les Anglais. Elle a la permission de me montrer la ville et nous faisons de jolies promenades ensemble.

Je désespère de pouvoir faire la description d'Oxford, je ne connais rien à l'architecture, et je crois que lorsque j'aurais dit c'est beau, je ne pourrais que m'arrêter. Cependant je vais faire de mon mieux.

La ville est très grande, bien percée, propre, mais ce qui fait sa gloire ce sont ses nombreux collèges, tous plus beaux les uns que les autres, bâtis dans le genre de nos vieux châteaux français, comme celui de Josselin, par exemple. Tous sont recouverts de lierre, de vignes vierges et entourés de parcs charmants où l'on peut se promener ; ces parcs se composent d'allées ombragées de beaux arbres et de pelouses. On ne trouve guère de fleurs que dans les jardins particuliers.

Oxford, malgré sa réputation de jolie ville, manque de gaîté. Jusqu'ici les villes que j'ai vues me paraissent tristes. Les maisons estompées de briques rouges sont ternes. Cela tient sans doute à la couleur grise du ciel, et à celle des pierres couleur du ciel. On ne crépit pas les maisons, on ne les blanchit pas davantage, je trouve qu'on voit trop la carcasse. Oxford compte trois mille étudiants que l'on reconnaît facilement à leur costume très drôle. Ils portent un énorme manteau flottant, et un chapeau, dur comme un morceau de carton, de forme carrée, orné d'un gland, qui leur tombe sur le nez avec toute la grâce imaginable. Si j'en ai le temps, j'habillerai une poupée en étudiant, pour la rapporter en France.

Avant-hier, par curiosité, j'ai accompagné Miss Emily à un service protestant. Un ministre à l'air digne, une baguette de cuivre en main, nous a placées dans un banc.

Il y avait peu de fidèles, mais ils avaient l'air très pénétrés et se tenaient respectueusement.

Quand le ministre jetait les yeux de mon côté, je baissais les miens sur mon livre, une bible imprimée en anglais à laquelle je ne comprenais rien, bien entendu. J'ai trouvé les chants pleins de douceur et de suavité. Il y avait des choristes habillés comme les nôtres, les ministres portaient des espèces de chapes noires bordées d'hermine. J'ai aussi été très édifiée à l'église catholique : les fidèles me semblent plus pieux, plus recueillis qu'en France et pendant les offices restent presque toujours à genoux.

Miss Emily m'a demandé si je voulais visiter les collèges ; les collèges, ai-je répondu, je veux bien en visiter un et cela me suffira, car je pense que tous les autres sont à peu près pareils ; mais ce que j'ai vu avec plaisir ce sont les grands parcs qui les entourent, celui du collège Keble est particulièrement beau.

Je suis allée voir jouer une partie de lawn-tennis, ce qui m'a bien amusée. Ce jeu fort en vogue a ici détrôné le croquet ; c'est la distraction préférée des étudiants. On bataille beaucoup, la raquette en main, on s'amuse, on s'agite, et l'on attrape grand chaud. Ce devrait être le jeu hygiénique de l'hiver pour se réchauffer. Les Anglais sont absolument passionnés pour ce jeu et le *Daily-News* enregistre leur succès à ce sujet.

JOURNAL DE MADAME

CHAPITRE III

Brood-Way, Le Musée, La Mésopotamie

Brood-Way, c'est-à-dire large voie, est une allée plantée d'ormeaux magnifiques, et les plus grands qu'on connaisse ; leur réputation est, paraît-il, européenne.

Le musée d'histoire naturelle que je viens de visiter doit être bien intéressant pour les savants et les étudiants en médecine : des pierres, des silex de toutes sortes, richesses minéralogiques, attendent les premiers, les seconds trouvent des cerveaux, des cœurs, des foies conservés dans de l'esprit de vin, des animaux, corps de girafes gigantesques, d'éléphants monstrueux, de baleine immense, où un ménage pourrait se loger à l'aise et s'installer un appartement complet ; enfin, sujet profond d'étude, un millier de crânes humains de tous les pays, et on pourrait presque dire de toutes les formes, et quelques squelettes ; en contemplant l'ossature humaine effrayante et attristante tout à la fois, ces vers de Victor Hugo, je crois, me revenaient à la mémoire :

> Squelette, où se trouve ton âme ?
> Foyer, qu'as-tu fait de ta flamme ?
> O cage vide qu'as-tu fait,
> De ton bel oiseau qui chantait ?

Nous sommes revenues par la Mésopotamie, cette Mésopotamie ne se trouve pas entre le Tigre et l'Euphrate, quoique entre deux rivières sillonnées de barques pompantes et coquettes traçant leur léger sillon sur les eaux ; c'est une promenade. Ses berges étaient garnies de pêcheurs à la ligne gardant une immobilité absolue, raides comme une trique et me faisant penser à ces définitions quelque peu irrévérencieuses et si souvent reproduites de la pêche et des pêcheurs à la ligne.

Dans la rue Magdalen se trouve une croix horizontale qui marque la place où furent tués deux prêtres, sous le règne d'Elisabeth, toujours si cruelle envers les catholiques.

Il paraît qu'ici on voit continuellement surgir de nouvelles religions. Hier, un bonhomme, la vivante image du vieux Christmas, qu'on dessine dans les gravures, cheveux blancs, comme des flocons de neige, immense barbe givrée jusqu'au genoux, pérorait d'une voix enrouée en frappant de toutes ses force sur une bible. On aurait dit qu'il voulait faire entrer tout ce qu'il débitait, à coups de poings, dans l'esprit de ses auditeurs. Il était très entouré.

On compte, paraît-il, en Angleterre, cent quatre-vingts sectes différentes. Voilà bien des moyens pour arriver au ciel; il me semble même qu'il y en a trop pour qu'ils soient tous bons.

JOURNAL DE SUZETTE

A Oxford aussi les magasins se ferment de bonne heure ; il n'y a aucun agrément à se promener le soir dans les rues ; ce n'est pas comme en France, où on a l'éblouissement des beaux étalages bien éclairés. Ici le samedi est comme à Jersey très mouvementé, tout le monde fait ses provisions et court les magasins et les marchés. Le dimanche on semble confit en dévotion, tout mouvement cesse, sauf celui des cloches qui carillonnent à vous rompre la tête.

Le grand marché couvert d'Oxford est très intéressant, tout y est beau et de bonne qualité, mais d'un prix !... La viande, magnifique, un peu grasse, peut-être, mais fort appétissante est bien plus chère qu'en France. Et le poisson donc ! Etre planté au milieu de la mer, et payer le cent d'huîtres vingt-cinq francs, c'est raide! Les fruits sont inabordables, beaucoup viennent de France, et on les paie en conséquence. Du reste, c'était bien un peu comme cela à Jersey et à Guernesey, où les habitants tout en n'ayant pas l'air de se croire anglais, se montrent tout aussi *grasping* que ceux de la mère-patrie. L'eau est mauvaise et empâte la bouche. Je m'abreuve de thé, que j'aime heureusement. Le pain ordinaire est détestable, je l'ai déjà dit. Il y a bien un pain de luxe, le pain viennois, qui est très bon, mais on ne le sert qu'à la table des maîtres.

Miss Emily me fait goûter de tout. Le fameux wisky est détestable à mon goût ; en revanche, j'ai trouvé le sherry fort bon. J'ai bu du *gin*; cette sorte d'eau-de-vie coûte aussi cher que le rhum, ce qui n'empêche pas les femmes du peuple d'en boire jusqu'à l'ivresse. Je ne ferai pas de folies pour le *gin*. Je ne sais quels ingrédients on y ajoute, mais on y trouve amalgamés ensemble trois parfums bien différents et qui semblent sortir de chez le coiffeur, de chez le pharmacien et de chez le liquoriste, le tout bien sucré. Pour être juste, je dois reconnaître que le goût d'anisette domine. C'est blanc comme de l'eau, et point capiteux du tout. Je pense qu'il faut en boire à haute dose pour se griser. Ce qui est bien meilleur, c'est le cidre de Devonshire, mais il est très cher.

La cuisinière nous a fait manger hier une conserve d'Amérique : une langue de panthère ou de kanguroo, je ne sais plus au juste. C'était détestable ! L'indépendante Amérique empoisonne sa petite sœur anglaise de toutes ses conserves de viande et de poisson, tout en les lui faisant payer cher.

JOURNAL DE MADAME

CHAPITRE IV

Mœurs anglaises

Mon amie me donne des détails fort intéressants sur la société anglaise, sur les coutumes mondaines et religieuses. Elle m'a même promis des notes prises sur le vif, et écrites par elle, il y a quelques années. Certes, je lui rappellerai sa promesse avant de partir.

Voici donc quelques détails sur l'aristocratie.

La noblesse vient sans doute, à Londres, mais elle habite beaucoup plus ses terres que la ville. La noblesse anglaise est rurale, comme la bourgeoisie anglaise est commerciale. L'amour des voyages existe dans toutes les classes.

La saison brillante de Londres dure trois mois : mai, juin, juillet. Pendant ces trois mois, tout sujet de sa gracieuse majesté, appartenant au grand monde par sa naissance, sa fortune, sa position, se croit absolument obligé de venir dans la capitale, et de s'y montrer, c'est un point d'honneur pour lui.

Cette grande noblesse anglaise, fondée sur la hiérarchie est d'une puissance énorme. Elle n'a point été réduite en poussière comme le fût la nôtre, suivant l'expression énergique du premier Consul Bonaparte.

En ces dernières années cependant, elle s'est laissée entamer par la juiverie. Oui, les juifs sont enfin parvenus, — la force de l'argent est irrésistible, — à pénétrer dans l'aristocratie anglaise, si pleine de morgue et d'orgueil. Il y a maintenant à Londres un lord Rothschild. Quelle révolution sociale et politique dans ce titre rapproché de ce nom ! Un demi-siècle a suffi pour l'accomplir. Se douterait-on qu'il y a à peine cinquante ans, il existait encore dans la législation anglaise, un statut tombé en désuétude, il est vrai, un statut qui obligeait les juifs à porter un costume distinctif.

Les gens qui habitaient Londres de 1848 à 1858 se souviennent d'avoir vu le père de lord Rothschild, le baron Lionel, élu député par la Cité de Londres, se présenter chaque année à Westminster pour prendre possession de son siège et chaque fois être repoussé parce qu'il ne pouvait prêter serment « *Sur la foi d'un chrétien,* » comme l'exigeait la loi.

Enfin, en 1858, on changea la formule, et il put entrer.

Et voici qu'aujourd'hui le fils du député si longtemps relégué à la porte de la Chambre des Communes, est entré dans la Chambre des Lords, l'assemblée la plus fière de l'univers, et qui naguère n'avait pas assez de dédain pour les juifs.

On n'a pas oublié dans les salons de Londres la saillie de M. de Talleyrand, alors ambassadeur de France, qui, remarquant dans une soirée donnée par lui, la présence du duc de Montmorency et celle de M. de Rotschild, que l'empereur d'Autriche venait d'anoblir, s'écria : « Nous avons ici le premier Baron chrétien et le premier Baron juif. » Et cette coutume s'est enracinée, les chrétiens vont danser chez les juifs, séduits et éblouis par le faste de leurs réceptions.

En général, les jeunes Anglais sont fanatiques des exercices corporels. Ils aiment beaucoup la danse, plus même peut-être que les jeunes filles. Le prince de Galles leur donne l'exemple ; valseur émérite, il ne dédaigne pas les invitations de la haute noblesse et danse jusqu'à trois et quatre heures du matin, dans les bals qu'il honore de sa présence.

Les énormes fortunes de l'aristocratie, de l'industrie et du haut commerce, donnent des fêtes, des raouts d'un luxe inouï ; il n'est pas rare de commander pour douze ou quinze mille francs de fleurs et de plantes vertes, pour une réception d'apparat. Les angles des appartements, les fenêtres, les cheminées, sont remplis de palmiers, fougères, camélias, etc.; les rampes des escaliers, les chambranles des portes, sont enguirlandés de jasmin, de lilas, de mimosa ; aux plafonds, se balancent entre les lustres, de grosses lanternes rondes de cristal, éclairées intérieurement et revêtues d'azalées, de clématites, ce qui fait l'effet de boules de fleurs lumineuses. La musique sort de bosquets verdoyants et parfumés et le service, comme élégance et confort, ne laisse rien à désirer. Voilà les fêtes que se donne, pendant la saison, la riche Angleterre.

JOURNAL DE SUZETTE

Madame m'a donné la permission d'aller avec Miss Emily à deux fêtes du pays, aux régates d'Oxford et au bal champêtre de Wourcester.

Les régates ne m'ont point divertie. Pour s'y rendre, c'était un tohu-bohu effrayant ; une foule énorme, bariolée de toutes couleurs, marchait, parlait, gesticulait, mais je ne comprenais rien ; je ne connaissais personne, je ne m'intéressais à aucun bateau, et ce n'était guère amusant. Ce dont je me souviens le mieux, c'est qu'on a passé une immense coupe pleine de champagne, en buvait qui voulait. Il est vrai que nous étions sur un bateau réservé, c'était sans doute une galanterie des personnes qui l'avaient loué. En revanche, j'ai trouvé très à mon goût la fête champêtre.

A six heures nous entrions dans le parc des jeux où nous nous sommes trouvées au milieu d'un grand nombre de jeunes filles toutes habillées de rose, de blanc, de velours, de fourrures, etc., puis, pour faire face à ce bataillon féminin une poignée de jeunes gens à l'air aussi penauds que des renards pris aux pièges.

Dame ! leur frayeur se comprend, attendu que les jeunes filles ont à pourvoir seules à leur avenir et dans ce pays-ci le sexe faible étant plus nombreux que le sexe fort attaque celui-ci pour le bon motif, bien entendu.

En thèse générale les hommes sont toujours en garde contre les femmes, ils les fuient dans les rues ; car c'est une grande imprudence qu'ils commettent en répondant à une femme qui semble, par exemple, demander un simple renseignement : ça peut être un traquenard, et s'ils lui parlent, elle peut s'écrier qu'il y a injure et demander une somme considérable, cela n'est pas rare.

C'est sans doute une des raisons qui rendent les hommes si peu polis. Ensuite ils ne peuvent pas saluer sans y être autorisés, les femmes font d'abord un petit mouvement de tête, c'est le signal approbateur qui permet aux messieurs de tirer leur chapeau. Autre pays, autres mœurs, mais revenons à la fête.

Jusqu'à sept heures une petite musiquette, ressemblant à celle que l'on joue au cirque, a charmé les oreilles des assistants ; puis la danse a commencé. Les jeunes filles étaient obligées en grand nombre de se transformer en cavaliers, car il y avait disette de danseurs. Tout ce monde danse parfaitement et très convenablement ; ce qu'on peut reprocher, c'est trop de raideur, cela ôte la grâce et me faisait penser, la musique aidant, aux marionnettes si jolies de France. Vers la nuit, l'animation a commencé un peu ; pour tout éclairage, deux grands lampions de chaque côté de la tente des musiciens, le reste du parc était éclairé par la lune. Je crois que les nuages qui la voilaient de temps en temps, faisaient bien l'affaire des amoureux. Une autre tente servait de buvette; c'est là qu'après les danses, on venait se rafraîchir. Tout en promenant et regardant, Miss Emily m'a encore donné d'autres renseignements sur le peuple anglais que j'étais très contente de voir de près.

En Angleterre, la femme est considérée comme inférieure et le mari regarde son épouse comme sa première servante; elle n'a pas comme en France une certaine influence sur son seigneur et maître. Les fils eux-mêmes, en grandissant, n'ont pas le respect que les enfants de France témoignent à leur mère; ils ne l'embrassent jamais. Chez eux les instincts sont développés, mais pas le cœur.

Je ne lâchais pas le bras de Miss Emily, j'aurais eu peur de m'égarer; ensuite je me demandais si dans cette foule compacte il n'y avait pas quelques pick pockets. Rassurez-vous, me disait Miss Emily en riant ; on n'entend pas parler de voleurs à Oxford. Saint Patrick a sans doute fait ici à l'égard des voleurs, ce qu'il fit jadis en Irlande, à l'égard des grenouilles... Elles y sont inconnues.

C'est égal, dès qu'on me frôlait, je portais instinctivement ma main à ma poche, pour voir si mon porte-monnaie était bien à sa place.

En revenant. Miss Emily m'a parlé de la fête de Saint Patrice, cet apôtre venu de la Gaule pour convertir l'Irlande, et qui fit de cette dernière une île de Saints.

Partout où ils sont, les enfants d'Erin célèbrent la fête de leur saint patron. La plupart d'entre eux assistent à la messe ce jour-là. On les reconnaît aux rubans verts, dont ils ornent leurs coiffures, ainsi qu'aux touffes de trèfle qu'ils portent, — les hommes à leur boutonnière, les femmes à leur corsage. (On sait que saint Patrice s'était servi d'une feuille de cette plante pour donner aux Irlandais idolâtres une idée du mystère de la Trinité). (1)

La tradition dit que saint Patrice ayant demandé à Dieu qu'il fît beau le jour de sa fête, afin que tous les Irlandais pussent aller à l'église, sa prière fut exaucée. Il ne pleut jamais en Irlande le 17 mars.

Mais s'il ne tombe pas d'eau, d'autres liquides coulent à flots. L'enthousiasme fait parfois oublier la tempérance, et il arrive que saint Patrice a lieu d'être mécontent de la façon dont certains de ses enfants célèbrent sa fête.

---

(1) Dernièrement, le grand juge d'Angleterre (*Lord Chief Justice*), lord Russell de Killowen, qui est irlandais et catholique, est entré dans la salle d'audience, portant une magnifique touffe de trèfle sur sa robe rouge fourrée d'hermine.

JOURNAL DE MADAME

CHAPITRE V

Deux fêtes. — Raout et garden-party.

Je me suis laissée entraîner à une petite soirée ; c'est l'époque. Ces dames ont les *small and carlies*, ces mots, mis au bas d'une invitation, signifient qu'on sera peu nombreux, qu'il faut venir de bonne heure, et qu'on s'en ira de même. Bref, cette phrase anglaise équivaut à notre *sans cérémonie* français. Nous étions quand même plus de cent personnes. On est arrivé à dix heures et parti à deux heures après minuit. C'est paraît-il ce qu'on appelle en Angleterre, arriver tôt et partir de même.

Cette *petite* soirée était un raout ; on promène et on cause, en régalant son palais d'excellentes choses, et ses oreilles d'excellente musique.

Tantôt ce sont les chanteurs tyroliens qui font fureur, en ce moment, les tziganes, très en vogue aussi, ou simplement un orchestre jouant des airs d'opéra. Cette fois, c'était une troupe de tziganes qui se faisait entendre. Ces artistes ont beaucoup d'originalité et leur musique beaucoup de caractère. Je suis également allée à un garden-party, cette distraction est un des plaisirs favoris de tout le monde aussi bien des dames que des messieurs.

Le lawn-tennis et le crickett ont fait florès. J'ai vu un jeune homme d'une force remarquable au crickett, et qui tient son savoir de William Grace, de Manchester, lequel depuis trente ans, passe pour le premier cricketter d'Angleterre.

Cette fête se passait au milieu d'un jardin rempli de corbeilles de fleurs qui se détachaient sur des pelouses d'herbe tendre et unie comme du velours; ces pelouses sont le triomphe des jardiniers anglais. *Le five o'clock tea* a été servi dans une grande serre aménagée ad hoc, mais le modeste thé était additionné de chocolat, de café, de sorbets, de champagne, de sandwichs aux volailles truffées, de fraises, de raisins et de friandises de toutes sortes, c'était une avalanche de bonnes choses, auxquelles on a fait grand honneur. Il est certain qu'ici le climat creuse l'estomac ; il faut beaucoup manger pour ne pas s'anémier. Les pâtés ont été profondément battus en brèche, et l'armée des petits fours a reçu de rudes assauts.

Les Anglais se tirent à merveille de ces batailles gastronomiques. Ils sont un peu de l'avis de ce cuisinier de haute volée, qui disait à son maître, un jeune diplomate d'avenir : « C'est par les dîners, qu'on gouverne le monde. » Le fait est que les Anglais mangent énormément sans se montrer trop difficiles sur le choix des mets. Ils font passer la quantité avant la qualité. Ici cependant ce n'était pas le cas. Tout était abondant et parfait. Après ce repas, on est entré dans le grand salon pour se reposer quelques instants et mettre en pratique le proverbe anglais :

*After dinner sit a while
After supper walk a mile,*

ce qui veut dire :

Après un repas copieux, prenez du repos.
Après un repas léger, faites une courte promenade.

Pendant ce temps-là, la nuit venait, et le jardin s'illuminait de lanternes vénitiennes et de feux de bengale. C'était l'heure charmante, où la fraîcheur descend et invite à sortir. La jeunesse est allée sous les tonnelles continuer le doux nonchaloir du salon ; au lawn-tennis et au crickett, elle a fait succéder des à partés de *flirtation* fort agréable pour elle sans doute, et fort divertissant aussi pour ceux qui la regardaient. Les jeunes cœurs attendent impatiemment cet épilogue des réunions ; c'est pour eux comme le post-scriptum qui contient l'essentiel de la lettre.

En somme deux jolies fêtes, auxquelles je suis bien aise d'avoir assisté.

JOURNAL DE SUZETTE

Je pensais qu'en Angleterre il y avait beaucoup de cavaliers,— pas du tout; j'en ai vu très peu mais on voit des vélocipédistes en très grand nombre.

Les Anglais aiment aussi beaucoup les parties sur l'eau, ils aiment les bains, la pêche, et s'en vont souvent canoter sur la Tamise qui prend ici le nom d'Isis. De charmants bateaux se louent et des jeunes gens, en habits de fantaisie les conduisent avec une vitesse effrayante ; l'autre soir, sous nos yeux, une petite périssoire où deux jeunes gens s'étaient embarqués et qu'ils conduisaient comme des fous a chaviré ; mais heureusement ils ont eu pied, et on regagné le bord du quai d'un petit air triomphant, aux applaudissements ironiques des promeneurs.

Pour cet exercice de navigation, comme pour le lawn-tennis, les jeunes gens portent des habits en flanelle rayée de couleur voyante d'un joli effet. C'est à qui arrivera le plus vite ; quelquefois le petit bateau marche si fort que sa pointe enfonce dans l'eau ; mais ceux qui le montent n'ont pas peur, la rivière est peu large, et ils savent nager ; ces petites noyades là sont des jeux pour rire.

J'espère que nous ne tarderons pas à partir : si mon corps est en Angleterre, mon cœur est en France. Madame parlait d'allonger notre séjour d'une semaine, mais depuis trois jours, les jours se suivent et se ressemblent, et j'espère que cela modifiera ses projets. De la pluie le matin, de la pluie l'après-midi, de la pluie le soir, et nous sommes en été. Les trois quarts du temps dans ce pays-ci Mylord Soleil s'obstine à garder son bonnet de nuit de nuages gris et sa vilaine robe de chambre de brouillard noir. Dame ! après ça, il ne faut pas s'étonner que le spleen soit une maladie anglaise. Je comprends que les indigents soient particulièrement tristes, ils n'ont même pas le soleil bienfaisant qui est le foyer du pauvre.

Voilà probablement pourquoi ont boit tant dans ce pays-ci pour se régayer un peu; l'ivresse est le défaut caractéristique de toutes les classes : tout est si froid à l'extérieur qu'il faut bien se réchauffer à l'intérieur.

On dit que la reine elle-même aime à prendre son petit *night cape*.

Miss Emily m'a assuré qu'à Londres les ladies, les femmes du monde, trouvent chez tous leurs fournisseurs du Champagne extra-sec et du gin extra-pur, et ne regagnent, la plupart du temps leur voiture qu'à pas chancelants. Il y a des modistes célèbres pour leur whisky d'Ecosse, des lingères au brandy incomparable, des gantières chez qui l'on est toujours assuré de trouver une pinte de cette fameuse *old ale* qui a parfois dix années de bouteille et dont un seul verre endormait lord Seymour.

Plus d'une élégante ne va au spectacle qu'avec un flacon de rhum en poche, dont elle s'offre de fréquentes rasades derrière l'éventail. Par les temps froids, dans la rue, elle tient son manchon sur ses lèvres. Or, ledit manchon est « truqué » en biberon contenant du whisky...... d'autres remplacent la bouteille par des bonbons consistant en capsules de gomme remplies d'alcool, et s'en régalent jusqu'à l'ivresse complète.

Miss Emily m'a raconté l'histoire d'une dame qui possédait une magnifique bible de format in-8, à tranches dorées. Ce superbe volume contenait une bouteille de la capacité d'un litre. Cette bonne dame, chez elle comme au temple, ne se servait jamais que de cette sainte bible. Et tout le monde admirait son attachement aux pratiques religieuses. Elle est morte alcoolique, mais elle avait l'ivresse douce, et ce n'est qu'après sa mort que son pauvre mari a découvert quel emploi elle avait fait du recueil des textes sacrés.

Le puritanisme anglais s'arrête devant une bouteille. On a vu plus d'un goutte-man, cédant à l'attraction d'un breuvage enivrant, s'asseoir devant un flacon de brandy, tirer de son carnet sa carte de visite, la placer dans une fente du bouchon, se verser rasade sur rasade, et s'abandonner ensuite au sommeil de l'ivresse. Il y a des professionnels qui se chargent de ramener à domicile les épaves munies de leur pavillon.

Et voilà comment ceux qui boivent trop, trouvent le moyen de donner du pain à ceux qui ne mangent pas assez.

JOURNAL DE MADAME

CHAPITRE VI

**Encore les Salutistes. Notes de mon amie.
Coutumes anglaises. Religion anglicane.**

Les salutistes viennent de passer sous ma fenêtre avec leur tam-tam obligé. Cette religion, qui ne peut marcher sans tambour ni trompettes, est d'un grotesque achevé. Décidément cette armée nous poursuit, nous l'avons rencontrée partout. Ces soldats de Dieu, tout habillés de rouge et qui feraient plutôt penser à ceux du diable, portent ici sur le dos et sur la poitrine de grands écritaux que je n'ai pu lire. On dit que la Suisse les a mal accueillis, elle a même fini par coffrer ces étonnants missionnaires. Du coup les salutistes ont crié victoire et parlent maintenant de leurs valeureux frères comme de saints martyrs.

L'armée du salut, commencée dans l'absurde, finira

dans un long éclat de rire. Les salutistes se noient dans le ridicule.

NOTES DE MON AMIE

Autrefois en Angleterre, la veille de Noël (Christmas *Eve* et non pas *Night*) était seulement fête de famille.

La veille de Noël on se réunissait chez les grands parents où la jeunesse dansait, jouait à Colin Maillard (Blind Man's Buff) et on finissait la soirée par « Snap Dragons » plus tard remplacé par la lanterne magique.

Les Snap Dragons consistaient en un plat énorme dans lequel on mettait des raisins secs et petits fruits confits qu'on plaçait sur une table ronde, dans la salle à manger tendue d'avance de draps blancs. Ensuite toute lumière était éteinte, les enfants, grands et petits étaient invités à entrer. Au dernier moment on versait soit du cognac, soit du gin sur les fruits et on y mettait le feu.

Alors c'était à qui aurait le courage le premier d'en retirer et d'en manger, après avoir dansé la main dans la main autour de la table. Naturellement les flammes donnaient de la lumière, et sur les draps on voyait se refléter les danseurs et ceux qui plongeaient la main dans les flammes. Une fois commencé on continuait ce jeu jusqu'au dernier raisin parmi les éclats de rire et de frayeur.

De notre temps les « Snap Dragons » et « Blin

Man's Buff » sont à peine connus et la veille de Noël est devenue une journée assez fatigante pour les jeunes filles qui font des économies pendant l'année pour pouvoir monter une épicerie pour les pauvres, soit dans la cuisine, le vestibule ou la terre de la maison. Là viennent les personnes âgées auxquelles on distribue des paquets de thé, de sucre, et des épiceries, dont le poids est proportionné au nombre des membres de chaque famille et à ses besoins.

On y glisse souvent de l'argent pour payer le loyer.

Le soir on a l'Arbre de Noël (pour les enfants de la *maison*) décoré avec des bougies et des lampes de couleur, et sur lequel sont suspendus des cadeaux pour chacun.

On y invite les petits amis qui ont perdu leur mère, ou qui ne sont pas dans une position de fortune suffisante pour avoir un arbre chez eux.

Il y a toujours dans les écoles publiques un arbre de Noël pour les ouvriers et pour les pauvres, une jeune fille aimable tient le piano pendant qu'on distribue les cadeaux, composés d'objets confectionnés, la plupart du temps, par les personnes riches et charitables.

On y trouve des tricots, des vêtements, etc., mais il y a aussi des bonbons et des joujoux.

Autrefois, dans la soirée même du jour de Noël, toute la famille dansait après le dîner, les Messieurs et les Dames les plus âgés commençaient le quadrille. Bien entendu que leur danse ne durait que quelques minutes, c'était ensuite le tour de la jeunesse. La salle de danse était décorée, comme la salle à manger, de fleurs, de verdure, de guirlandes et d'emblèmes formés de houx et de gui ; au milieu de la salle il y avait, suspendu au plafond, une grande branche de gui, et si le danseur avait l'adresse de faire passer sa danseuse sous cette branche, il avait le droit de l'embrasser, soit sur le front, soit sur la main, selon l'intimité qui existait. Les fiancés, sous cette fameuse branche, s'embrassaient sur les deux joues.

De nos jours, on danse rarement le jour de Noël, on va à l'église.

Les parents ayant reçu leurs enfants et petits-enfants à Noël, l'aîné des enfants mariés reçoit le jour de l'an.

Le lendemain de Noël, s'appelle « Boxing Day » parce qu'on donne ce jour-là, les « Christmas Boxes », ou étrennes.

C'est congé partout, les banques même sont fermées.

Le jour de Noël tout le monde mange Roast Beef, Plum pudding et mince pies, pâtisserie faite à cette saison seulement. Dans les prisons même on en donne et l'on y distribue de la bière et du tabac à priser et à fumer. Dans les classes supérieures les Anglais ont toujours au dîner une dinde farcie, la dinde de Noël, comme à la Saint-Michel ils mangent l'*Oie*, en souvenir de la destruction de la flotte de l'Armada. La reine Elisabeth était à table en train de manger de lo'ie quand on lui annonça la grande nouvelle : La flotte que Philippe II, roi d'Espagne, avait équipée (1588) contre l'Angleterre, venait d'être détruite par une tempête. Depuis ce jour mémorable, tous les bons patriotes d'Angleterre mangent, le 29 octobre, une oie rôtie en mémoire de ce triomphe facile.

J'ai omis de dire que la veille de Noël, Christmas Eve, on entend dans les rues des chanteurs et des musiciens qui vont de porte en porte de minuit à une heure du matin.

Tantôt c'est une harpe qui accompagne les chants, tantôt un violon, quelquefois plusieurs instruments de musique ou bien un harmonium.

On chante *Adeste Fideles*, *Minuit, Chrétiens*, et autres cantiques de Noël avec beaucoup de sentiment. Le lendemain, les chanteurs font la quête, quand ils n'attendent pas *Boxing Day*, congé général pendant lequel tous les magasins sont fermés. Le peuple sort, les riches restent à la maison pour contribuer au bien-être des pauvres, comme je l'ai expliqué plus haut.

On jugerait même défavorablement une personne aisée qui se promènerait pendant ce fameux jour de *Boxing Day*. On dirait qu'en sortant elle veut ainsi échapper au devoir de faire le bien et de donner des étrennes.

De ces bonnes coutumes anglaises, je passe maintenant à la religion anglicane.

Les nombreuses sectes protestantes qui fleurissent dans le royaume de la Grande-Bretagne, prennent chacune un nom différent, tels que Wesleyans, Baptistes, Calvinistes, Luthériens, etc. On en ferait une liste interminable. Les Anglicans de la Haute et de la Basse Eglise appellent les autres sectes Non-Conformistes et les considèrent hors l'Eglise comme nous-mêmes catholiques considérons les membres des autres religions.

L'Angleterre est le pays du parlementarisme. L'Eglise anglicane est l'humble servante du Parlement, mais elle a aussi son Parlement à elle qu'on appelle « la Convocation ». Chaque province ecclésiastique, celle de Cantorbery, aussi bien que celle d'York, a la sienne. La Convocation se composait autrefois de deux Chambres : la Haute, que formaient les évêques ; la Basse, constituée par des doyens ou des archidiacres nommés par leurs confrères. L'archevêque est le président d'office de la première ; les membres de la seconde élisent leur *prolocutor*.

Chose extraordinaire cependant, la Haute et la Basse Eglise sont toujours en guerre l'une contre l'autre, et toutes deux ne veulent pas qu'on les regarde comme Protestantes. Les membres de ces deux Eglises reconnaissent qu'Henry VIII et la Reine Elisabeth étaient des personnes indignes, sans foi et sans religion, ainsi qu'Olivier Cromwell et tous ceux qui persécutaient l'Eglise catholique et mettaient à mort ses fidèles.

Les Anglicans de la Haute Eglise ne donnent pas davantage raison aux Catholiques, qu'ils appellent *Humanistes*, pendant qu'eux-mêmes s'intitulent Catholiques. Ils se montrent très jaloux de ce titre, affirmant qu'ils sont les seuls qui aient le droit de se nommer Catholiques, puisque leur Religion est la même maintenant qu'elle était avant la Réformation, commencée par Luther, sous le Roi Henry VIII, et continuée sous sa fille Elisabeth. Donc, ils ne veulent pas admettre qu'ils soient Protestants, ni appliquer ce terme de Protestants aux Non-Conformistes. Ils déclarent que notre Religion est presque nouvelle, puisqu'il y a eu tant d'innovations depuis le règne d'Henry VIII. Il faut avouer que la Haute Eglise Anglicane ressemble beaucoup à la nôtre. Elle a tous les jours la messe, comme nous l'avons, mais dite en Anglais, d'une haute et intelligible voix. Les fidèles croient à la présence réelle de Jésus-Christ dans la communion. A la place des hosties, chacun en communiant reçoit un petit carré de mie de pain préparé d'avance. Il faut que le pain ait deux jours, et soit fait de farine très fine et très blanche ; il est coupé par un instrument réservé pour cela dans la sacristie.

Le prêtre présente un de ces morceaux (qui ressemblent aux dés à jouer,) à chacun des communiants qui, agenouillé devant l'autel, le reçoit de sa main dans la sienne, entre l'index et le pouce, et le porte respectueusement à sa bouche. Ensuite le second prêtre arrive avec le calice qu'il offre à chaque communiant, et il le tient de telle sorte que le vin ne fait qu'effleurer la lèvre supérieure. Il essuie le calice chaque fois, comme chez nous on essuie les reliques qu'on offre à l'adoration des fidèles. Quant aux autres sectes, en dehors de l'Eglise anglicane, les détails de leur croyance seraient trop longs à énumérer ici. En général, les Anglicans les regardent comme nous autres, Catholiques, regardons les Protestants, c'est-à-dire hors de l'Eglise, et ils les nomment *Dissenters*, ce qui veut dire Non-Conformistes.

Les Dissenters reçoivent la communion le soir, tandis que les Anglicans la reçoivent à jeûn le matin. Les Dissenters la reçoivent assis, autour d'une grande table, rompant le pain et buvant le vin ensemble, en imitation, disent-ils, de J.-C. à la dernière Cène.

Les soi-disants Catholiques font abstinence tout le Carême et tous les vendredis de l'année, et plus sévèrement que nous.

Ils vont à confesse, et n'obtiennent l'absolution qu'après avoir fait d'autres Pénitences que des prières. Il faut qu'on se corrige de telle ou telle faute, ou en partie, avant de recevoir l'Absolution. Aussi prient-ils pour les morts, observant les fêtes des grands Saints, c'est-à-dire de ceux ou de celles dont on trouve les noms, soit dans l'Evangile, soit dans l'Ecriture Sainte, mais ils ne reconnaissent pas les saints de nos jours, tels que Marguerite-Marie, Jeanne d'Arc, et se moquent de la proposition de faire cannoniser Christophe Colomb, qu'ils disent n'avoir jamais été chrétien !

Les Anglicans récitent l'*Ave Maria*, *Hail Mary*, en anglais, font le signe de la croix et des génuflexions comme nous les faisons.

Aux fêtes de la Sainte Vierge, de Pâques, de l'Ascension, de *Corpus Christi*, de la Dédicace des Eglises, de Saint Michel, etc., il y a des processions magnifiques dans leurs églises, avec bannières et chants religieux. Elles se terminent comme dans le culte catholique par la bénédiction. Leurs autels ont le Christ et des cierges allumés comme les nôtres, ils ont aussi des statues de Saints dans leurs églises, le tout si beau, si propre, si soigné, qu'il faut bien l'admirer. Les membres de la Haute Eglise ont également des statues et des objets de piété dans leurs chambres à coucher.

Ils ne se gênent pas pour critiquer nos églises, et se disent très scandalisés de voir le manque de propreté qui règne chez les Romains, en tout ce qui sert à l'usage du bon Dieu, mais par-dessus tout ils blâment les chandeliers qui servent au *public* pour placer les cierges, et dont on voit couler la graisse. Les Anglicans (prêtres) ne se servent dans l'église que de cierges en cire, jamais de bougies comme on en met dans les nôtres. Si la paroisse est pauvre, on en brûle moins, mais tout est de première qualité, aussi le linge, les rochets des prêtres, les nappes d'autel, etc., sont d'une blancheur immaculée.

La Haute Eglise anglicane a des communautés religieuses, dont les hommes et femmes portent des costumes pareils aux nôtres, et suivent presque les mêmes règles.

J'ai visité pendant mon dernier séjour à Londres, une chapelle anglicane de perpétuelle adoration, et j'y ai vu quatre sœurs en prière devant l'autel. Le prêtre m'a dit qu'il en est toujours ainsi, et que les religieuses veillent jour et nuit devant le Saint-Sacrement exposé.

Les sœurs de charité rappellent les nôtres à s'y méprendre. Les prêtres, comme notre clergé français, mettent une soutane dans la maison, à l'église ils portent des vêtements magnifiques, qui seraient dignes de nos plus riches paroisses.

Ils ne font pas vœu de chasteté, mais tous ne se marient pas. On trouve qu'il vaut mieux éviter les scandales et immoralités qu'on rencontre quelquefois dans les pays catholiques romains, et pour cette raison on les laisse libres. L'Eglise anglicane ne reconnaît que deux sacrements ; le Baptême et l'Eucharistie. Son enseignement sur le baptême est le même que le nôtre; et on croit qu'un enfant mourant sans baptême entre dans les Limbes et reste privé de la vue de Dieu.

Le Baptême se fait aussi à l'Eglise, qui a des fonts baptismaux, mais on ne fait pas usage de sel ni d'huile. Le prêtre cependant fait le signe de la Croix sur la tête de l'enfant en le prenant dans ses bras, et en le baptisant, il se sert en anglais des mêmes paroles que celles dont se sert l'Eglise catholique romaine. Le *Credo* est semblable au nôtre, on y supprime seulement le mot *Romain.*

Pour un garçon il faut deux parrains et une marraine, et pour une fille deux marraines et un parrain. Il y a une *secte* en *dehors* de l'Eglise anglicane (toujours *Haute* Eglise) qu'on appelle « Baptistes. » Ces Baptistes sont bien entendu Non-Conformistes. Ils ne permettent le baptême qu'à l'âge de vingt-et-un ans, et pour cette cérémonie le néophyte descend dans l'eau jusqu'au cou, s'exposant à prendre froid, ce qui arrive assez souvent. La Haute Eglise a la Confirmation comme nous, mais elle se donne en anglais et non en latin.

La hiérarchie anglicane comprend aussi des vicaires, curés, évêques et archevêques. Les membres de la Haute Eglise font des génuflexions et le signe de la croix comme nous. La grande division entre les catholiques anglicans de la Haute Eglise et les catholiques romains, consiste en ce que les premiers ne reconnaissent pas l'*infaillibilité* du Pape ; sans l'infaillibilité, ils l'accepteraient volontiers comme chef de l'Eglise ; ils croient à la Virginité de la Sainte Vierge, mais n'acceptent pas le dogme de l'Immaculée-Conception.

Tout en adressant l'*Ave Maria* à la Sainte Vierge, ils refusent le scapulaire et ne récitent pas le chapelet, ils n'admettent pas davantage les Indulgences qui, disent-ils, n'existaient pas avant l'érection de l'Eglise Saint-Pierre de Rome, c'est alors qu'on commença à vendre les indulgences pour payer cette gigantesque construction.

Ils croient que tout est possible au bon Dieu, mais ils n'admettent pas facilement les miracles. La fête de l'Ascension est très belle dans l'Eglise anglicane.

Dès la veille, un essaim de jeunes filles décore intérieurement l'édifice de fleurs blanches. Elles se divisent par groupes, qui se chargent de la chaire, des fonts baptismaux, des autels, de l'entrée du sancuaire. C'est à qui rivaliserait de zèle et de bon goût.

A la fin de la saison, c'est-à-dire vers le commencement d'octobre, il y a un jour consacré aux actions de grâce, qu'on rend à Dieu pour la moisson et les biens de la terre. Ce jour s'appelle *Thanksgiving Day*, et presque toute la journée il y a soit des messes jusqu'à midi, soit des cantiques chantés en chœur, et répétés longtemps d'avance, soit des prières et des sermons jusqu'à neuf heures du soir ; La clôture a lieu d'une manière très imposante : sermon, action de grâces à genoux, cantique chanté par tout le monde, chœurs avec accompagnement d'orgue et Salut. Avant le *Thanksgiving day*, l'église est délicieusement décorée des biens de la terre, légumes, fruits, fleurs, blés, etc. etc., chacun envoie ce qu'il a de plus beau, telle qu'une énorme grappe de raisins, une pomme prodigieuse, et ainsi de suite de tous les fruits, fleurs et légumes, qu'on arrange avec un goût exquis sur des fonds de mousse et de verdure. Ce sont de ravissantes décorations autour des colonnes et des lustres. Pour l'autel et le sanctuaire on fait des chefs-d'œuvre.

Cette coutume qui a lieu dans toutes les paroisses des villes, villages et bourgs du Royaume-Uni, et chez toutes les sectes, se termine par une sonnerie de cloches jouant des airs pieux, connus et aimés du public. En France, on ne se doute pas de la manière dont on sonne les cloches en Angleterre, et j'ai vu des Français si attendris en les entendant pour la première fois qu'ils en versaient des larmes.

Le lendemain de *Tanksgiving Day*, les fruits et les légumes sont distribués par des jeunes filles de bonnes familles, aux malades qui n'ont pu assister à la cérémonie, aux hôpitaux, et partout où on sait que ce souvenir de la plus belle des fêtes sera le bien-venu. Les Anglicans envoient leurs dons aux Anglicans; les Non-Conformistes à leur troupeau.

JOURNAL DE SUZETTE

Madame a prolongé son séjour d'une semaine, comme je le craignais, mais en ce monde tout prend fin, notre séjour à Oxford est terminé. J'ai bien employé ma dernière journée. En me levant ce matin mon premier soin a été, comme une bonne anglaise, que je ne suis pas cependant, de me diriger vers le petit déjeûner ; à cette heure là les grillades sont chaudes et la bouilloire chante au coin du feu.

De la cuisine on n'entend pas que le chant de la bouilloire, il y a au bout de la rue, un atelier de couture, où les jeunes filles chantent toute la journée, je ne dirai pas comme des fauvettes, non ! en général les voix sont peu harmonieuses, on fuit instinctivement. J'ajouterai même qu'il faut avoir les oreilles exercées à la politesse pour écouter patiemment le chant des jeunes misses — c'est une chose étrange comme les femmes ont la voix pointue même en parlant et les hommes au contraire la voix gutturale, surtout quand ils parlent aux animaux on dirait un rugissement. La première fois que j'ai entendu ici le cocher Bob parler à ses chevaux, j'ai eu grand peur.

Après le thé nous sommes sorties. Miss Emily m'a d'abord menée sur le champ de foire où j'ai vu des bestiaux magnifiques ; les animaux sont parqués dans des stalles de fer, ce qui permet de circuler facilement sans crainte d'être embroché par une vache ou mordu par un porc : c'est très ingénieusement installé ; nous n'avons rien de semblable en France.

Ensuite je suis encore allée voir une cérémonie religieuse, la communion à une église protestante. Les fidèles ôtent leurs gants en entrant et restent à genoux pendant tout l'office, le ministre se tient à un autel dans le genre des nôtres et récite des prières tout haut, puis le moment de la communion venu, tout le monde se dirige vers l'autel, où deux ministres tiennent l'un un bassin d'argent contenant le pain, l'autre une timbale de même métal contenant le vin. La timbale passe de lèvre en lèvre, sans que personne manifeste le moindre dégoût, quand tout le monde a été pourvu, l'officiant consomme le reste.

Oxford a des religieuses protestantes habillées comme les nôtres — les règles de leur couvent sont aussi une imitation des institutions catholiques. En revenant, Miss Emily et moi, nous en avons croisé une dans la rue. Cette religieuse nous a saluées très poliment. Je me demande encore en l'honneur de quel saint cette révérence à des personnes qu'elle ne connaît pas.

Je terminerai mon journal d'aujourd'hui par un trait qui montre l'Anglais sous son vrai jour.

Hier, une amie de Miss Emily, femme de charge d'une grande maison, et qui parle aussi français, m'a dit soudain, que pensez-vous des Anglais ? Cette question à brûle-pourpoint m'a d'abord un peu interloquée et j'ai cru être fort aimable en répondant, je pense qu'ils valent bien les Français, et vous que pensez-vous des Français ?

« *Oh my dear* les Anglais n'ont pas de supérieurs ni même d'égaux dans tout l'univers, voilà ce que nous pensons !

O les **orgueilleux** ! O les **snobs** ! ces petitesses-là ce sont leurs pieds d'argile...

Les mœurs anglaises sont pleines d'hypocrisie. On crie *Shoking !* bien haut, pour rien, quand cela se voit, tandis qu'à l'intérieur de sa conscience, on entasse des montagnes de fautes sans sourciller. — J'avais entendu dire que la pruderie britannique cache ses vices sous des dehors affectés, rien n'est plus vrai.

JOURNAL DE MADAME

CHAPITRE VII

Dîner d'adieu. — Une partie de foot-ball.

Ma bonne amie a donné hier, en mon honneur, un grand dîner d'adieu. Repas pantagruélique, où j'ai encore été à même d'apprécier le brillant appétit des *ladies* et des *gentlemen* anglais. Ils mangent comme des ogres ; ce besoin continuel de se sustenter doit tenir à l'air qu'ils respirent.

Le climat qui ronge d'une façon si étrange les monuments, rongerait-il aussi l'estomac ? Suzette prétend qu'elle est constamment altérée et affamée. Si je restais plus longtemps à Oxford, je finirais par être comme elle, j'arriverais aux cinq repas que font consciencieusement les Anglais, tous les jours. L'hiver, c'est le froid qui les fait dévorer, et l'été, c'est le chaud. Le fait est que la chaleur molle et lourde abat complètement, et de toutes façons il faut bien se redonner des forces.

L'après-midi, j'avais assisté à une partie de foot-ball. On aime les jeux de force brutale en Angleterre. Le foot-ball y est fort en honneur, principalement au célèbre collège de Rugby, où sont précieusement conservées les traditions de ce jeu national.

Il y a deux manières de jouer le foot-ball, soit à la mode de Rugby, soit à la mode de Londres, où réside l'association pour la réforme un peu adoucie de ce jeu trop sauvage, comme la soûle en Bretagne.

« A Rugby, c'est le jeu dans toute sa barbarie, tel qu'il a été légué aux Forwards d'à-présent par les jeunes athlètes du temps des Stuarts, des Lancastres et des Tudors. Le foot-ball ou balle au pied, sur laquelle se ruent les lutteurs des deux camps pour l'envoyer d'un coup de pied vers le but adverse, le vrai, le pur, le traditionnel foot-ball de Rugby autorise la mêlée, le corps-à-corps, l'usage des pieds, des mains, de la tête, *scrummage* et *hacking*, c'est-à-dire bagarre et coups de souliers dans les tibias ! Comme on le voit, il n'y a pas moyen pour les jouteurs de s'ennuyer un seul instant !

A Londres, sans aller jusqu'à faire revivre les édits protecteurs de 1314, de 1349 et de 1401, l'Association n'admet que l'emploi des membres inférieurs. C'est un progrès. Il est défendu de se casser autre chose que les jambes, n'importe laquelle par exemple. Le code n'a pas prévu de préférence.

Le foot-ball est la contre-partie, le contraire d'un sport régulier. Il prête aux abus de la vigueur individuelle, à tous les vices inhérents aux mêlées confuses. Enfin, sans parler des blessures graves, fractures et contusions qui sont innombrables, les cas de mort subite ne sont pas rares non plus, par suite d'étouffement, de compression viscérale ou d'épuisement. »

Le journal médical anglais, le *Lancet*, donne la statistique suivante des accidents occasionnés par ce jeu. L'année dernière, de septembre à janvier, on a compté: treize morts, quinze fractures de jambes, quatre bras cassés, onze nuques démolies, une joue crevée, un nez abîmé, etc.

Ici on jouait le foot-ball de Londres, mais c'est égal, qu'est-ce qu'un plaisir qui vous inquiète au lieu de vous amuser? Je fais des vœux pour que le foot-ball ne pénètre pas en France, à la suite du crocket et du lawn-tennis.

JOURNAL DE SUZETTE

Nous partons après demain. Que j'en suis heureuse ! je me sens légère comme l'oiseau qui ouvre ses ailes, gaie comme l'oiseau qui reprend sa liberté. J'aurais fini par devenir morose comme la petite fermière de Madame, un enfant de huit ans qu'on avait amenée au château pendant une très grave maladie de sa mère.

Au bout de trois jours elle ne riait plus, au bout de quatre elle parlait à peine, au bout de cinq elle pleurait.

— Mais mon enfant tu es bien soignée ici.

— C'est vrai, mais je voudrais retourner chez nous.

— Tu as une belle chambre, des jeux.

— C'est vrai, mais je voudrais retourner chez nous.

— Madame est bien bonne pour toi.

— Bien bonne, c'est vrai, mais je voudrais retourner chez nous.

Chère petite, elle ne voyait rien au-dessus de l'humble foyer qui était son chez elle. Je comprends cela ; moi aussi je suis bien soignée, j'ai une jolie chambre, je ne fais que me promener, et pourtant j'aime mieux travailler et retourner chez nous, chez nous en France.

Nous reviendrons par Douvres et Calais, j'en suis bien contente, je préfère la vapeur sur terre à la vapeur sur mer.

JOURNAL DE MADAME

Ce n'est pas sans émotion que je vais quitter mon excellente amie, mais c'est sans regret que je quitterai l'Angleterre. Sans doute on trouve parmi les Anglais, pris individuellement, des gens charmants, pleins de courtoisie et d'amabilité, de distinction et même de cœur, mais la nation anglaise, à l'abri de ses remparts liquides, s'enferme de parti pris dans un superbe isolement ; ne pensant qu'à soi, elle garde ses coudées franches pour ne faire aucune alliance qui puisse la compromettre, c'est-à-dire l'entraîner à combattre dans l'intérêt des autres. Personne aussi n'aime « ce peuple amphibie, qui gouverne la terre par la mer. »

La France ne peut aimer son ennemie séculaire, la perfide Albion, les autres Etats d'Europe s'en méfient, et les Américains ne professent aucune sympathie pour les Anglais. « Vous ne les verrez jamais caresser la crinière du Lion britannique ; non, leur plus grand amusement est de lui tortiller la queue. » Mais assez de réflexions sur *Old England*, je reviens à mon amie. C'est demain que doit sonner l'heure de la séparation...

Comme le temps passe vite dans l'intimité d'une femme aimable et bonne. L'amabilité, la bonté n'ont pas d'âge, je dirai même qu'elles sont toujours jeunes et belles, c'est un rayonnement de l'âme.

Mon amie est très connue et très aimée à Oxford, elle fait le bien d'une main généreuse et discrète. Il y a trois choses chez elle qui ne sont jamais fermées : sa porte, sa bourse et son cœur.

Voilà une femme qui doit certainement se coucher tous les soirs avec la conscience satisfaite d'un Titus qui n'a point perdu sa journée.

J'emporte les meilleurs souvenirs. On est heureux d'avoir vu les lieux qu'habitent ceux qu'on aime, on vit leur vie par la pensée, on les retrouve dans leur intérieur, on les suit dans leurs habitudes, et l'on se sent plus rapproché d'eux.

La sympathie, la véritable amitié sont rares, il est bien doux de se connaître des cœurs acquis et de savoir à soi-même ses sentiments d'affection bien placés.

J'ai visité des terres charmantes, j'ai vu la plus grande ville du monde, j'ai joui des douceurs de l'amitié. Mon voyage s'est accompli sans ennuis, sans mésaventures, sans trop de fatigues, et ma plus grande joie après tous ces plaisirs, c'est de rentrer chez moi. C'est ici le cas d'appliquer le proverbe anglais qui sera toujours vrai :

There is no place like home.

JOURNAL DE SUZETTE

Je ne m'attendais pas à cette douloureuse surprise, notre traversée si courte a été affreuse !

Nous avons d'abord voyagé en chemin de fer, aperçu rapidement plusieurs comtés, les uns aux campagnes riches, bien cultivées, vraiment superbes ; les autres, steppes de landes, de bruyères, de sapins, qui m'ont rappelé certaines parties de la Bretagne.

Au demeurant, l'Angleterre est un pays étrange. En général, la campagne est belle et paraît triste, les villes sont très peuplées et manquent d'animation.

Vive ! Vive, notre gaie France !

A neuf heures du soir, nous montons à bord, à minuit, nous démarrons. La mer est calme. Il y a beaucoup de passagers, et moins de passagères, sept dames frisées comme des chérubins sont mes compagnes de voyage.

Au fur et à mesure que nous gagnons la pleine mer, le vent se lève et souffle avec furie. Le bateau danse effrayamment, et un sourd grondement se fait entendre sous les flots. Vers une heure, la tempête est à son apogée. Tantôt le bateau s'élève sur la crête des lames immenses, tantôt il pique une pointe terrible dans l'abîme, où il semble prêt à disparaître, sous les vagues démesurément hautes, qui l'accablent.

Le mal de mer fait des ravages, les dames gémissent, les toilettes sont en désordre et les beaux cheveux défrisés. Je pense que je suis trop impressionnée, trop effrayée pour être malade. Madame garde son sang-froid, mais je vois qu'elle est inquiète. A une heure et demie, la mer de plus en plus irritée entre en démence. Je fais mon acte de contrition, persuadée que c'est fini, la mer sera mon tombeau...

L'orage illumine l'air, les lames se dorent de lueurs phosphorescentes, bientôt la pluie tombe à torrents, le vent va faiblir. Le ciel a pitié de nous.

Vers deux heures, l'accalmie se produit. Je reprends courage.

Nous sommes maintenant bien près de nos côtes. On aperçoit leurs feux qui éclairent la nuit. Nous sommes sauvées ! On jette l'ancre, le navire accoste, les passagers débarquent. Salut, France ! noble terre, douce patrie...

Ce soir, jour béni, je serai de retour en Bretagne, mon cher pays, ma vraie patrie, puisque c'est là qu'habitent tous ceux que j'aime. Mon Dieu, je vous rends grâce !

SUZETTE.

TABLE

SOUVENIRS DE VOYAGE

Suisse	7
Allemagne	73
Belgique	99
Rentrée en France	112

VOYAGE EN ANGLETERRE

Jersey	117
Guernesey	171
Sercq	182
Retour à Guernesey	192
Londres	205
Windsor	255
Oxford	261

Errata

Page 15, ligne 22. — Au lieu de Rien de beau je ne vois, lisez : Rien de bon je ne vois.

Page 26, ligne 17. — Au lieu de Ce soleil, lisez : Le soleil.

Page 205, ligne 1. — Au lieu de Le sort est jeté, lisez : Le sort en est jeté.

Page 212, ligne 4. — Au lieu de Picpokets, lisez : Pickpockets.

Page 232, dernière ligne. — Au lieu de Dieu est, lisez : Dieu a

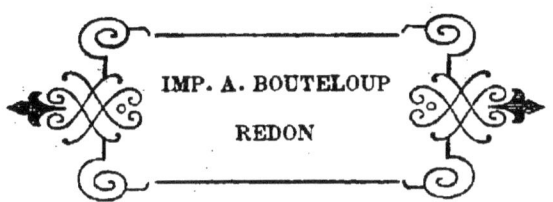

www.ingramcontent.com/pod-product-compliance
Lightning Source LLC
Chambersburg PA
CBHW071413150426
43191CB00008B/903